I0083118

NOUVEAU GUIDE

DE L'ÉTRANGER

DANS AMIENS.

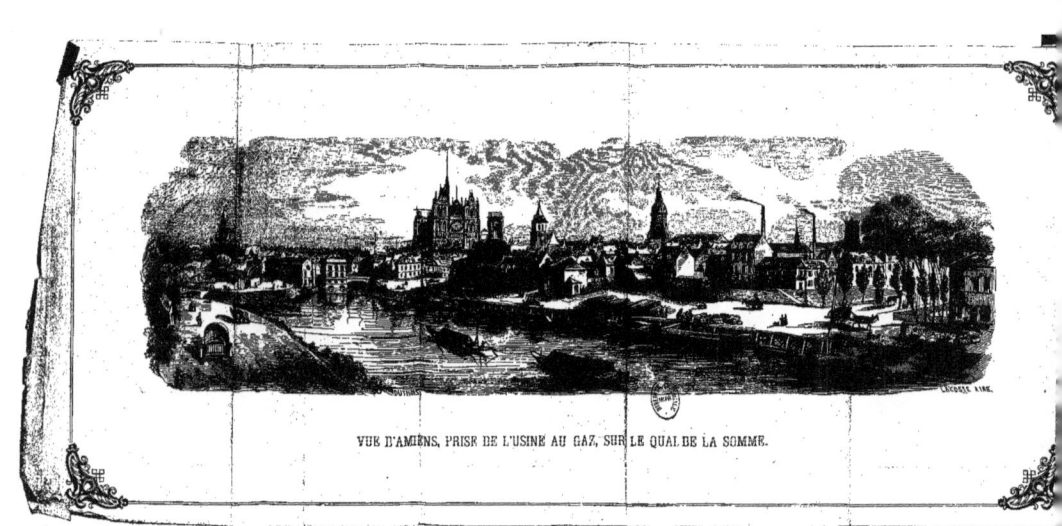

VUE D'AMIENS, PRISE DE L'USINE AU GAZ, SUR LE QUAI DE LA SOMME.

SUR

NOUVEAU GUIDE

DE L'ÉTRANGER

DANS

AMIENS

DESCRIPTION COMPLÈTE DE SES MONUMENTS

ORNÉ D'UN PLAN D'AMIENS
ET DE PLUSIEURS GRAVURES.

AMIENS,

Chez Alfred CARON, Imprimeur-Libraire,

Rue des Trois-Cailloux, 54.

1860

PRÉFACE.

—◆—

AMIENS compte près de 65 000 habitants.
Cour impériale, quatre Justices de paix, Conseil
des Prud'hommes, Chambre de commerce, Bourse,
Évêché, Préfecture, Académie des sciences, belles-
lettres et arts, Société des Antiquaires, Société
des Amis des arts, Société philharmonique, Société
d'Horticulture, Comice agricole, Ecole secondaire
de médecine, Jury médical, Lycée impérial, grand
Séminaire, Ecole normale, siège d'une Subdivi-
sion militaire et d'un arrondissement forestier.

Devant ce dénombrement, l'importance de la
ville d'Amiens ne peut être mise en question.
Placée au milieu d'un pays très fertile, elle
a su d'ailleurs, de tout temps, se faire une belle
place parmi les cités les plus commerçantes. En
1550 on y comptait plus de 1 200 métiers de

sayeteurs. Colbert y établit des manufactures considérables de draps, casimirs, velours, moquettes,
étoffes de laine, toiles, indiennes, tapis et toiles
peintes.

Aujourd'hui enfin, il résulte de diverses statis-
tiques que le commerce et l'industrie d'Amiens,
dont le rayon s'étend à plus de quarante kilomètres, présentent un chiffre de 90 900 850 fr.,
qu'ils occupent 146 000 ouvriers et emploient des
forces motrices égales à 1 594 chevaux-vapeur.

Ainsi, sous tous les rapports, Amiens est une
ville du premier ordre ; elle envoie à la chambre un
député ; trois journaux quotidiens représentent dans
son sein les opinions politiques de notre époque, et
les produits de son industrie portent sa renommée
jusqu'en Amérique ; partout ses tissus et ses belles
teintures sont recherchés avec empressement.

Le réseau de chemins de fer qui couvre le nord
de la France, est encore venu ajouter un élément
puissant aux conditions de prospérité de cette
ville. Grâce à lui il n'y a désormais qu'un pas
d'Amiens à Paris, à Lille, à Bruxelles, à Boulogne
et à Londres.

Nul ne peut dire où Amiens s'arrêtera dans la
voie magnifique qui lui est ouverte par son admirable position.

Nous avons pensé qu'un *Guide du Voyageur*,
c'est-à-dire, une petite causerie bien simple et

bien modeste sur notre ville, ne serait pas sans
intérêt. Les monuments historiques y abondent;
mainte grande page, mainte chronique émouvante
sont écrites sur ses vieux murs, dans les replis de
ses vieilles rues; chaque année y a laissé sa trace
depuis, pour ainsi dire, les huttes de chaume de
Samarobriva jusqu'au Musée Napoléon, rue des
Rabuissons. Que de choses à montrer , que de
choses à raconter, que de choses à écrire ! Mais
les moments du voyageur étant comptés, il n'a que
peu de temps à nous accorder, il fallait donc nous
restreindre et nous résigner au rôle modeste de
cicerone. — Nous renvoyons les érudits, les amateurs sévères d'art et d'histoire aux livres savants
des bibliothèques.

Nous croyons donc avoir rempli notre objet ;
ceci étant le *Guide du Voyageur à Amiens* et
rien de plus.

L'éditeur :

Alfred CARON.

NOTICE STATISTIQUE.

—•—

Amiens est arrosé par trois rivières, la *Somme,* l'*Avre* et la *Selle*.

1° La *Somme* prend sa source au village de Fon-Somme (Aisne), à huit kilomètres au-dessus de Saint-Quentin, dont elle traverse une partie de de l'arrondissement , entre dans le département auquel elle donne son nom, arrose Ham, Péronne, Bray, Corbie, Amiens, Picquigny , Abbeville , et se jette dans la Manche entre le Crotoy et Saint-Valery, après avoir reçu l'Ancre, l'Avre, la Selle et beaucoup d'autres petites rivières. Depuis sa source jusqu'à son embouchure , elle parcourt, d'abord du N.-E. au S.-O., puis de l'E. à l'O., une longueur de 200 kiloms.

La Somme divise Amiens en deux parties inégales ; elle y est elle-même divisée par un grand nombre d'iles.

Elle entre dans la ville, du côté de l'Orient, par deux lits différents ; se partage, après y être entrée, en douze canaux qui desservent des usines considérables et se réunissent au Pont St-Michel. Elle en sort à l'Occident par ce même pont, et forme le port d'Aval, où abordent les grands bateaux, qui la remontent de Saint-Valery et d'Abbeville.

2° L'*Avre* prend sa source à Avricourt (département de l'Oise), passe à Roye, Pierrepont, Moreuil et Boves. Avant d'arriver aux ponts de Longueau, cette rivière se partage en deux bras, dont l'un vient se réunir à la Somme près de Camon, et dont l'autre prenant une direction opposée, traverse le village de la Neuville-lez-Amiens, borde la promenade de la Voirie, entre dans la ville par le pont de la Barrette, coule ensuite dans le canal dit du Hocquet (par corruption *Choquet*) (1), longe les rues des Rinchevaux, Haute-des-Tanneurs, Riquier et Basse-des-Tanneurs, passe sous le Château-d'Eau, sous la grève du Port d'Aval, et se jette dans la Somme à l'endroit autrefois appelé *Barbacane.*

Elle coule du S.-E. au N.-O. sur une longueur 48 kilomètres, et reçoit le Don et la Noye.

5° La *Selle* prend sa source à Cattieux (Oise) et

(1) *Euch'Hocquet,* en patois picard.

se jette par deux bras dans la Somme, après un parcours de 35 kilomètres.

Climat, Température. — La ville d'Amiens n'est dominée par aucune montagne élevée : l'air y es pur, parce que, d'après cette position , le courant qui règne ordinairement sur le lit de la Somme peut se renouveler sans cesse. Cependant les brouillards y sont quelquefois assez fréquents, ce qu'il faut attribuer à sa situation dans une vallée et sur une rivière extrêmement marécageuse.

Le printemps et l'été y sont de courte durée; l'automne est la saison qui s'y soutient le mieux et qui y est constamment la plus belle ; l'hiver y est presque toujours long, froid et humide.

Circonférence, Superficie. — La circonférence de la ville, ou l'étendue totale de son enceinte extérieure, évaluée sur un plan du cadastre, est de 5 147 mètres.

Cette enceinte est très irrégulière ; elle est de forme à peu près pentagonale.

Sa superficie, ou l'espace contenu dans l'enceinte extérieure, est de 1 726 400 mètres carrés.

Plus de 200 rues, 20 places, 21 impasses et quelques cours et passages coupent aujourd'hui la ville d'Amiens. Quoique généralement irrégulières, quoique imprimées encore en certains endroits de l'esprit d'économie et des nécessités de la défense, à l'intérieur, dans les temps anciens. Les rues principales sont larges et bien ouvertes. Les plus dignes de remarque sont celles de Noyon, des Trois-Cailloux, des Sergents, des Rabuissons. Dans cette dernière se trouvent l'Hôtel de la Préfecture, le Musée en construction, les Archives départementales et la Bibliothèque. La plus longue est rue Saint-Leu.

La Grand'Place ou Grand-Marché, aussi appelée Marché-aux-Herbes, est un beau carré long, de 126 mètres de longueur, sur 40 mètres de largeur dans le haut, et 45 dans le bas. Cette place se distingue par la régularité de ses maisons presque toutes à trois étages. On y a établi, en 1849, un marché couvert pour la vente des fruits et des légumes, on l'appelle *Marché de Lanselles*, du nom du donateur des fonds nécessaires à sa construction ; il occupe 1800 mètres d'étendue. Cette place, la place de la Mairie, la place Périgord, la place Saint-Denis et la place Longueville sont les seules que l'on doive citer, les autres ne présentent rien que de très ordinaire.

La plupart des rues doivent leur nom soit à leur position, soit à des traditions populaires, dictons bizarres, et anciennes enseignes, soit aux institutions religieuses, établissements civils, corps de métiers, églises qui s'y trouvent ou s'y trouvaient, soit enfin aux hommes célèbres qu'elles ont vus naître.

Le nombre des maisons de la ville, évalué à 6 000 en 1783, s'est considérablement accru depuis cette époque. Elle en renferme aujourd'hui près de 12 mille, dont la hauteur moyenne est de deux à trois étages ; un grand nombre pourtant, et principalement dans les bas quartiers, n'ont qu'un étage. Le temps, le goût et la prospérité des affaires les renouvellent pour les embellir. Celles que l'on a construites depuis un demi-siècle ont quelque magnificence et sont élevées sur des plans d'un assez bon style.

On emploie pour le pavage des rues 25 000 pavés, année commune.

Amiens forme avec sa banlieue, quatre arrondissements ou Justices-de-Paix. L'arrondissement Nord-Est renferme 12 817 habitants ; celui Sud-Est, 18 591 ; celui Sud-Ouest, 18 159 ; et celui Nord-Ouest, 14 687.

INDUSTRIE AMIÉNOISE.

M. J. Lamy, secrétaire de la Chambre de Commerce d'Amiens, a publié un article sur cette ville dans le Dictionnaire universel théorique et pratique du commerce et de la navigation ; nous en donnons l'extrait suivant pour ce qui concerne la partie industrielle.

L'industrie d'Amiens, se divise en cinq espèces :

1° *L'industrie du coton* importée d'Angleterre. — Une fabrique de velours de coton fut établie en 1765 ; quelques années après M. Martin rapporta d'Angleterre la machine à filer dite *Mull-Jenny*. Les filatures de coton d'Amiens à partir de 1828, se transformèrent en filatures de laines ; il ne reste à Amiens qu'une seule filature de coton.

2° *Le Tissage.* — La fabrication de velours de coton qui appartient presque exclusivement à Amiens , produit annuellement 100 à 150 mille pièces du poids de 55 à 72 kilogs chacune et d'une valeur de 9 à 10 millions ; la fabrication emploie 15 à 16 000 ouviers tisserands répandus dans la campagne autour de la ville, outre 6 à 7 000 autres, tels que coupeurs, teinturiers, apprêteurs, trameuses, repriseuses, etc., sans compter ceux occupés dans les filatures.

Ces velours s'expédiaient dans divers pays étrangers, mais les Anglais se sont emparés de ce commerce en fournissant ces étoffes à des prix impossibles aux fabriques d'Amiens ; elles n'ont d'autres débouchés que la consommation intérieure et quelques relations avec l'Espagne.

Les prix de ces velours, depuis 1835, ont baissé de 40 pour 100 environ et les fabricants ont amélioré leurs produits en perfectionnant les apprêts, au point que quelques-uns de ces velours ont au premier aspect le brillant et la souplesse des velours de soie.

La fabrication à la mécanique tend à se substituer au tissage à la main, — on fabrique à Amiens des tissus pour gilets en coton et en laine cardée sur chaîne-coton, — on imite les cachemires laine et soie de Paris et de Lyon et les peluches où l'on se contente d'imprimer le tissu uni. Cette fabrication occupe 500 tisserands et 120 trameurs, ourdisseurs et lamiers. La valeur annuelle des produits s'élève à 800 000 francs.

3° *La bonneterie de coton.* — Elle s'exécute aux environs d'Amiens et de Montdidier ; elle occupe trois ou quatre mille ouvriers, met en œuvre 3 à 400 000 kilogs de coton qui acquièrent une valeur de 2 000 000 de francs.

4° *Les tulles et les mousselines.* — Il existe à Amiens trois fabriques de tissus blancs, dits articles de St-Quentin, et d'autres de ouates pour les doublures.

5° *Les laines, les filatures.* — Les laines ne se filaient qu'au rouet à Amiens, jusqu'en 1823. — Ce travail manuel fut remplacé en 1828 par la mécanique. — Amiens possède aujourd'hui vingt-trois filatures mues par autant de machines à vapeur d'une force totale de 480 chevaux et par douze roues hydrauliques de 30 chevaux de puissance ; elles ont ensemble 50 000 broches en activité.

Ces filatures occupent 2 500 ouvriers ; elles peuvent produire 1 400 000 kilogs de fils. Ces produits sont consommés tant à l'intérieur qu'au dehors. Outre les fils ordinaires pour chaines et trames, les filateurs d'Amiens livrent à la consommation des fils doublés et retors pour broderie, bonneterie, passementerie, châles, etc. ; depuis peu d'années, il s'est établi une filature de cachemires qui occupe 150 ouvriers.

Tissage. — Les articles de la fabrique d'Amiens en laine pure ou mélangée de soie ou de coton, sont : 1° les tamises, les cachemires d'Ecosse, les chambords, les grains-de-poudre, les satins de Chine, les escots, les anacostes, les blicourts, les mérinos. Ces tissus sont teints ou apprêtés à Amiens ; leur production annuelle s'élève à 80 000 pièces d'une valeur de huit millions de francs ; elle occupe sept à huit mille tisserands.

2° Les alépines, dites aussi bombasines ou paramata, les barrepours, les serges de soie dont la chaîne est en soie organsin. La fabrication, qui occupe huit cents ouvriers, est de 6 500 pièces d'une valeur de deux millions de francs.

3° Nouveautés et fantaisies. — Ces articles servant principalement pour robes de femmes, châles et doublures se font avec les métiers à la Jacquart. — Production annuelle : deux millions de francs. — Ouvriers : cinq cents.

4° Satins français.—Ces tissus, dont la trame est en bourre de soie, s'emploient pour cols militaires et chaussures de femmes. — Fabrication annuelle 5 à 6 000 pièces d'une valeur de deux millions de francs. — Ouvriers : huit cents.

5° Articles divers. — Drapés, peluches laine pure ou laine et soie, tamise et cachemire chaîne coton, Aumâle, Saint-Lô, tiretaines, etc. — Production annuelle : sept à huit cent mille francs.

Industrie des lins et chanvre. — Il y a à Amiens et dans les environs sept filatures de lin et chanvre possédant ensemble vingt-quatre mille broches et mettant en œuvre cinq à six millions de kilogs de lin, chanvre et un peu de phormium. — Valeur des produits filés : huit millions de francs. —Ouvriers, deux mille cinq cents.

Les matières premières proviennent de l'étranger et des départements du Nord, de la Somme et de l'Aisne. Ces fils servent en général pour la confection des toiles d'emballage, de toiles à sacs, à voiles et domestiques et pour les fils retords dits à coudre.

Tissage. — Quinze mille ouvriers disséminés dans les arrondissements d'Amiens et de Doullens s'occupent de fabriquer ces toiles. Depuis 1853, la fabrication des toiles à voiles a pris une extension qui tend à s'accroître. — Le tissage mécanique vient d'être introduit pour cette fabrication.

La confection des sacs occupe à Amiens cinq cents femmes qui travaillent à domicile tout en vaquant aux soins de leurs ménages.

Industrie de poils de chèvres. — *Filature.* — Amiens, il y a quelques années possédait trois filatures de poils de chèvre, mais elles n'ont pu lutter avec la concurrence étrangère et elles se sont fermées.

Tissage. — On emploie à Amiens les fils de

poils de chèvre pour les velours d'Utrecht, les pannes et les pallas.

Production annuelle du velours d'Utrecht qui ne se fabrique pas ailleurs en France : vingt mille pièces d'une valeur de six millions de francs ; exportation, cinq à six mille pièces.

Fabrication des pannes et des pallas : cinq mille pièces valant ensemble huit cent mille francs. Ces industries occupent trois mille tisserands tant à la ville qu'à la campagne.

Industrie des tapis. — La fabrication des tapis moquette et chenille occupe six cents ouvriers ; sa production annuelle est d'un million de francs. Ces produits se placent facilement à l'intérieur et l'exportation en est presque nulle.

Industries diverses. — Il existe à Amiens une filature de bourre de soie fondée depuis peu et de nombreux ateliers de teinture, d'apprêts et de blanchisseries. Amiens possède plusieurs fonderies et forges importantes, des ateliers de mécaniciens et de constructeurs pour les machines à vapeur et les métiers, deux usines à gaz, une fabrique de produits chimiques , des fabriques de savons et d'huiles, une raffinerie de sucre, des fabriques de chocolats, des tanneries , plusieurs papeteries, entr'autres celle de Prouzel à douze kiloms de la ville. Les célèbres pâtés de canard et les macarons d'Amiens s'exportent à l'étranger.

Commerce. — Le commerce consiste principalement dans la vente des tissus et des objets fabriqués à Amiens et dans l'arrondissement. Les matières premières employées dans les manufactures donnent lieu à des transactions importantes. Il s'y fait également des affaires considérables en vins, eaux-de-vie, savons de Marseille, fontes, denrées coloniales, épiceries, drogueries, teintures, sels, bois de construction, etc. Ces matières arrivent à St-Valery par mer et parviennent à Amiens par le canal de la Somme. — L'améliora-des ports du Hourdel et de St-Valery pourrait donner à Amiens la facilité de contribuer à l'approvisionnement de Paris. Il lui serait plus facile par là de soutenir la concurrence que font à son commerce maritime Dunkerque, Boulogne, Le Hâvre, villes moins bien placées pour le commerce et les transports à l'intérieur. — Dans les vallées qui environnent Amiens, on exploite de nombreuses tourbières dont les produits sont employés comme combustibles. Les cendres fournissent un engrais précieux pour l'agriculture, surtout pour les prairies artificielles, sainfoin, luzerne, trèfle, etc.

TABLE ALPHABÉTIQUE

?ES BANLIEUES , BOULEVARTS , COURS , ESPLANADES, FAUBOURGS
GALERIES, HALLES, ILES, IMPASSES, PASSAGES, PLACES ,
PORTES, PORTS, ET RUES D'AMIENS (1).

BANLIEUE D'AMIENS.

[Boutillerie.	C	4 Montières.	D
La Neuville–lez–Amiens	C	3 Petit-Saint-Jean (le)	D
[Longpré-lez-Amiens.	D	4 Renancourt.	D

ROUTES.

. Abbeville (rte d') f. de Hem. 1	4 Rainneville(route de)faub. St.-	
Albert (rte. d') f. St–Pierre. 2	Maurice.	1
. Allonville (rte d') f. St–Pierre 2	4 Rainneville (rte de) f. St–Pierre	2
Cagny (rte de)f. de Noyon. 2	4 Renancourt (rte de) f. de Hem	1
Corbie(route de) f. St–Pierre. 2	3 Rouen (rte de) f. de Beauvais	1
Cottenchy(route de), f.Noyon. 2	3 Rumigny (route de) Louisville.	2
Doullens (rte de). f. St–Maurice.4	2 et 3 St – Fuscien (route de)	
Noyon (route de). f. de Noyon. 2	Henriville.	2
Paris (route de) f. de Bauvais. 4	4 Vignacourt (route de). faub.	
Petit-Saint-Jean (route de) f.	Saint-Maurice.	1
de Beauvais. 1		

---

(1)Dans cette Table,nous avons suivi l'orthographe usitée pour le nom
ses rues, etc.—On sait que le *nom propre* de chaque rue, place, etc.,
ommence immédiatement après le mot rue, place, etc., ou après la
réposition ou l'article qui suit le mot rue, place, etc.; et si, ce nom
at formé de plusieurs mots, on en forme un monogramme à l'aide
se traits–d'union. Tous les substantifs et les adjectifs commencent par
ses majuscules, les autres espèces de mots par des minuscules, à
noins qu'ils ne soient au commencement du nom de la rue.

* (N.B.) Le chiffre placé à gauche de chaque nom en indique l'ar-
ondissement ou le canton.

4 signifie 1er arrondissement ou canton Nord-Est.
2 — 2e — ou — Sud-Est.
3 — 3e — ou — Sud-Ouest.
4 — 4e — ou — Nord-Ouest.

—Le chiffre mis à droite désigne l'arrondissement de perception des
sontributions directes ; la lettre D, mise dans cette colonne, indique la
verception de Dreuil-lez-Amiens et la lettre C, celle de Camon.

PORTES, BARRIÈRES.

4 Abattoir (de l').   1 | 3 Longueville (de).
3 Beauvais (de).   1 | 2 Noyon (de).
2 Gare (de la).   2 | 2 Paris (de).
1 Barrière du Gayan. f. St-Maurice 1 | 1 Saint-Maurice.
4 Guyencourt (de).   1 | 1 Saint-Pierre.
4 Hotoie (de le la).   1 | 2 Voirie (de la).

BOULEVARTS, PROMENADES, ESPLANADES.

1 Baraban. (boulevart). 2 | 3 Longueville (b. de). Louisvillolli
3 Beauvais (boulevart de). 1 | 2 Mail (boulevart du).
3 Beauvais (esplanade de). 1 | 4 Petite-Hotoie (promenade de sb
2 Cange (boulevart du). 2 | la). faub. de Hem.
1 Célestins (boulevard des). 2 | 4 Port (boulevart du).
2 Est (boulévart de l'). 2 | 3 St-Charles (boulevart).
3 Fontaine (boulevart). 1 | 3 St-Jacques (boulevard)
4 Frères (boul des). f. la Hotoie 1 | 2 St-Michel (boulevart).
3 Guyencourt (b. de). f. de Beauvais.1 | 1 St-Pierre (esplanade).
4 Hotoie (promenade de la). f. | 1 St-Sulpice (boulevart).
    de la Hotoie. 1 | 2 Noyon (esplanade de). f. de sb
4 Jardin-des-Plantes (boul. du) 1 | Noyon.

PLACES.

4 Bestiaux (pl aux) f. la Hotoie.1 | 4 Notre-Dame (place)
4 De Lanselles (marché). 2 | 2 Périgord (place).   1,1
1 Don (place du). 2 | 1 Petit-Quai (place du).
4 Feurre (place au). 1 | 2 Port d'Amont (place du).
3 Fil (place au). 1 | 4 Port d'Aval (place du).
4 Herbes (place aux). 1 | 2 St-Denis (place).
3 Hôtel-de-ville (place de l'). 1 | 4 St-Firmin (place).
1 Huchers (place des). 2 | 4 St-Germain (place).
3 Longueville (place de) id. 2 | 3 St-Martin (place).
4 Maubert (place). 1 | 2 St-Michel (place).
1 Minimes (place des). 2 | 2 St-Remi (place).
2 et 3 Montplaisir (pl.) Henriville. 2 | 4 Tuerie (place de la).

GALERIES, PASSAGES.

4 Arts (galerie des). 1 | 3 Lenoël (passage).
2 Barette (passage de la). 2 | 2 Logis-du-Roi (passage du).
3 Capucins (passage des). 1 | 1 Neveux (passage)
2 Comédie (passage de la). 2 | 2 Renaissance (galerie de la)
2 Commerce (galerie du) 2 | 2 St-Denis (passage)
2 Cordeliers (passage des). 1 | 4 Sœurs-Grises (passage des).

ILES.

Fagots (ile à), f. de la Voirie. 2
St-Augustin (Ile).   2
St-Maurice (Ile).

2 Ste-Aragone (Ile). faub. St-
Maurice.   1
4 St-Germain (Ile).

PORTS, QUAIS.

Port d'Amont.   2
Port d'Aval.   1
Port du Don.   2
Abattoir (q. de l') f. la Hotoie. 1
Ecluse (quai de l').   id.   1

1 Passerelle (quai de la) f Saint-
Maurice.   1
1 St-Maurice (quai). faub. de
St-Maurice.   1
1 Somme (q. de la). f. St-Maurice 1

RUES.

Abbeville (cha. d') faub. id. 1
Abladène (rue d') f. de Noyon C
Abreuvoir de l'. f. de Beauv. 1
Agrappin (r. de l')f.de laVoirie C
Alger (d').   2
Andouille (de l').   2
Archers (des).   2
Augustins (petite rue des). 2
Augustins (des),   2
Aventure (de l').   1
Barette (de la).   2
Barette (petite rue de la). 2
Basse-des-Tanneurs (rue).   1
Basse Notre-Dame (rue).   2
Basse-St-Germain (rue).   1
Basse-St-Martin (rue).   1
Bastion (rue du). f. de Noyon. 2
Bas-Vidame (rue du).   1
Beauregard (rue de) Henriville 2
Beauvais (grande rue de).   1
Beauvais (petite rue de).   1
Becquerelles (rue des).   2
Béguignage (rue du),   1
Bellevue(rue de). Henriville. 2
Bibliothèque (rue de la).   1
Bicêtre (rue du). f. la Hotoie. 1
Blamont (petite rue du). id. 2
Blamont (rue du) f. de Noyon. 2
Blanquetaque (rue).   2
Blasset (rue). Louisville. 2

4 Bloc (rue du).   1,2
2 Bondes (rue des).   2
1 Bonnard (rue) f. St-Pierre. 2
1 Bonvallet (rue) f. St-Maurice. 1
3 Boucaque (r. du).f. de Beauv. 1
1 Bouchers (rue des).   1
1 Bourelles (rue des).   1
1 Bout-de-la-Veillère (rue du) 1
1 Bouteilles (rue des).   1
3 Briques (rue des).   1
2 Camp-des-Buttes (rue du). 2
1 Canal (rue du) f. St-Maurice. 1
2 Cannettes (rue des).   2
1 Canteraine(rue).   2
3 Capucins (rue des).   1
2 Castille (rue de). f. de Noyon. 2
3 Caumartin (rue).   1
3 Cérisy (rue de).   1
4 Chapeau-de-Violettes (rue du) 1
4 Château-Milan (rue du) faub.
de Hem.   1
3 Chaudronniers (rue des). 1
4 Chauvelin (rue) faub. de Hem. 1
3 Cheval-Blanc (rue du).   1
4 Cimetière-St-Roch (rue du). f.
de la Hotoie.   1
1 Citadelle (rue de la). faub. de
Saint-Maurice.   1
2 Clabault (rue) faub. de Noyon. 2
1 Clairons (petite rue des). 2

1 Clairons (rue des). 2
2 Cloître-de-la-Barge (rue du). 2
2 Cloître-de-l'Horloge (rue du). 2
2 Cloître-Notre-Dame (rue du). 2
2 Cloître-St-Nicolas (rue du). 2
1 Coches (petite rue des). 2
1 Coches (rue des). 2
2 Cocquerel (rue) f. de Noyon. 2
2 Collége (rue du). 2
4 Condé (rue). 1
2 Constantine (rue de). 2
2 Contrescarpe(r. de la) Henriv. 2
4 Coq (rue du) f. de la Hotoie. 1
2 Corbie (rue de). 2
2 Cordeliers (rue des). 1
2 Cornet (rue) faub. de Noyon. 2
2 Corps-Nuds-sans-Tête(r. des).2
3 Corroyers (rue des). 1
2 Cozette-de-Rubempré (rue)
    Louisville. 2
1 Crevasse (rue de la). 2
2 Crignons (rue des). 2
1 Cruchons (r. des)f. St-Pierre. 2
2 Daire (rue) faub. de Noyon. 2
1 Dame-Jeanne (rue). 2
2 Damis (rue) faub. de Noyon. 2
3 Debray (rue), Heuriville. 2
2 Dejean (rue) faub. de Noyon 2
3 Delambre (rue) 1
2 Delamorlière (rue) f. de Noyon.1
4 Demi-Lune (rue de la). faub.
    de la Hotoie. 1
3 Desprez (rue). 2
2 Dewailly (rue). f. de Noyon. 1
2 Digeon (rue). Henriville. 2
1 Dodane (rue de la). 2
3 Dom-Bouquet(rue)f. de Beauv. 1
1 Don (rue du). 2
4 Doubles-Chaises (rue des). 2
1 Doullens (ch. de) f. St-Pierre. 1
2 Ducange (petite r.). Henriville.2
2 Ducange (rue). 2
3 Duminy (rue). Louisville. 2
1 Ecluse (rue de l'). f. St-Maurice1
2 Écoles-Chrétiennes (rue des). 2

1 Eglise(rue de l').f. St-Maurice..9
1 Engoulvent (rue d').
4 Entonnoir (rue de l').
3 Evrard-de-Fouilloy (r.)Henriville all
1 Falaise(rue de la) f. St-Mauriceoi
3 Faux-Timons (rue des).
3 Filature (rue de la) Henriville 9l
3 Flamand (rue).
4 Fontaine (rue de)
1 Fontaine-d'Amour (rue de la)..(f
2 Fossé (petite rue du) id.
2 Fossé (rue du) Henriville.
2 Fosse-Ferneuse (rue de la). f. .1
    de Noyon.
3 Four-à-Pâtés (rue du).
3 Four-des-Champs (rue du). .
3 Francs-Mûriers (rue des).
4 Gantiers (rue des). .
2 Gloriette (rue de)
4 Grand-Vidame (rue du).
1 Granges (chemin des) f. St P. .9
1 Granges (rue des).
3 Gresset (rue)
2 Gribeauval (rue).
1 Gros-Navet (rue du).
4 Guindal (rue du).
1 Guyenne (rue de).
4 Hallebarde (rue de la).
4 Haute-des-Tanneurs (rue).
2 Hautes-Cornes (rue des).
2 Henri IV (rue).
2 Hocquet (rue du).
4 Hotoie (rue de la).
1 Huchers (rue des)
3 Huguenots (petite rue des).
3 Huguenots (r.des) f. de Beauvais. .til
2 Jacobins (rue des).
4 Jacquart (rue) faub. de Hem. .o
2 Jardins (rue des).f. de Noyon. .n
4 Jeanne-Natière (rue)
3 Jeunes-Mâtins (rue des).
3 Job (rue).
3 Laurendeau (rue) Louisville. .9
2 Legrand-d'Aussy (rue) faub. .d
    de Noyon.

1 Ledieu (rue). f. de la Hotoie.
1 Lemâtre (rue). Louisville. 1
1 Lemerchier (rue), Henriville 2
1 Leroux (rue). f. de Beauvais. 1
1 Lin (rue au). 1
1 Lirots (rue des). 1
1 Lombards (rue des). 1
1 Long–Rang (rue du). faub. de
   Beauvais. 1
1 Loup (rue du). 2
1 Louvel (rue des). 1
1 Madeleine (rue de la). faub.
   Saint-Maurice. 1
1 Mail (rue du). 2
1 Majots (rue des). 2
1 Marais (rue du) f. de Beauvais 1
1 Marais (rue de) f. de St-Pierre 2
1 Marais-de-Hem(r. du).f.de Hem. 1
1 Marissons (rue des). 2
1 Martin-Bleu-Dieu. (rue) 1
1 Masclef (rue) f. de Noyon. 2
1 Maulcreux (le). 1
1 Mazagran (rue de). 2
1 Metz (rue de). 2
1 Metz-l'Evêque (rue de). 1
1 Milieu–de–la–Veillère (rue du) 1
1 Minimes (petite rue des) 2
1 Minimes (rue des). 2
1 Mondain (rue). 1
1 Montagne (rue de la) faub. de
   Saint-Maurice. 1
1 Montplaisir (rue) id. 2
1 Motte (rue). 2
1 Moulin (r. du) f. de Beauvais. 1
1 Moulin–du–Roi (rue du). 1
1 Moulin-Neuf (rue du). 1
1 Moulins (rue des) f. St-Maurice 1
2 Napoléon (rue). 2
2 Narine (rue de). 2
2 Neuve (rue). 2
1 Neuve-d'Allonville (r.)f.St-Pierre 2
8 Neuve-de-Conty(rue)f.de Beauvais. 1
8 Neuve–des–Capucins (rue) 1
1 Neuve-des-Minimes (rue). 2
B Neuve-des-Wattelets (rue) 1

3 Neuve–du–Moulin (rue) faub.
   de Beauvais. 1
3 Neuve-du-Petit-Champ (rue) 1
3 Neuve-Saint-Honoré (rue) f.
   de Beauvais, 1
2 Neuve-St-Dominique (rue). 2
2 Neuville (r. de la) f. de Noyon 2
2 Noyon (rue de). 2
2 Oratoire (rue de l'). 2
4 Orfèvres (rue des). 1
2 Palais-de-Justice (rue du). 2
1 Paniers (rue des) 2
1 Parcheminiers (petite rue des) 2
1 Parcheminiers (rue des). 2
3 Pâture (rue de la) Louisville. 2
4 Pavée (rue). 2
2 Petit-Faub.-de-Noyon (r. du) 2
2 Petit-Jardinier (rue du). faub. 2
1 Petit–Rivery (rue du). faub.
   Saint-Pierre. 2
4 Petit-Saint-Roch(rue du) f. de
   Beauvais. 1
4 Philippe-de-Girard (rue) f. de
   Hem. 1
2 Pierre-l'Ermite (rue). 2
2 Pinceau (rue du) f. de Noyon. 2
1 Plumette (rue de la). 2
2 Pointin (rue) f. de Noyon. 2
1 Poirés (rue des). 1
4 Poissonnerie-d'Eau-Douce(petite
   rue de la). 1
4 Poissonnerie – d'Eau – Douce
   (rue de la) 1
1 Pont–à–Moinet (rue du). 2
3 Pont–à–Vaches (le). 1
1 Pont-Becquet (rue du). 2
4 Pont-Calais (rue du). 1
1 Pont–d'Amour (rue du). 2
2 Pont-de-Longueau (le). faub.
   de Noyon. C
1 Pont-de-Pierre(r.du).f.St-Maurice 1
2 Pont-Ducange (rue du). 2
2 Pont-Piperesse (rue du), 2
4 Pont Saint-Michel (le) 1
2 Porte-Paris (rue de la). 2

3 Poudrière (rue de la). 4
1 Poulies (rue des). 1
3 Prairie (rue de la) f. de Beauvais. 4
4 Prémontrés (rue des) f. de la
    Hotoie. 4
1 Presbytère (rue du). faub. de
    Saint-Pierre. 2
4 Prés-Forêts (rue des). faub.
    de la Hotoie. 4
2 Puits-Vert (rue du). 2
4 Quai (petite rue du). 4
4 Quai (rue du). 4
1 Queue-de-Vache. (rue de la). 2
4 Quincampoix (rue). 4
2 Rabuissons (rue des). 4,2
1 Rinchevaux (rue des). 2
2 Riolan (rue) faub. de Noyon. 2
4 Riquier (rue). 4
3 Robert-de-Luzarches (rue de)
    Henriville. 2
2 Rohaut (rue) f. de Noyon. 2
1 Ruelette (la). faub. St-Pierre. 2
3 Sablière (ancienne rue de la),
    faub. de Beauvais. 4
3 Sablière (rue de la) id. 4
2 St-Acheul (rue). f. de Noyon. C
1 St-Antoine (rue) f. de St-Pierre 2
2 St-Claude (rue). f. de Noyon. 2
2 St-Denis (rue). 2
2 St-Dominique (rue). 2
4 Ste-Catherine (rue). 4
1 Ste-Claire (rue). 1
4 Ste-Marguerite (petite rue). 1
3 Ste-Marguerite (rue). 1
2 Stes-Maries (rue des). 2
2 St-Firmin-le-Confesseur (rue) 2
2 St-François (rue) f. de Noyon 2
2 St-Geoffroy (rue). Henriville 2
4 St-Germain (petite rue). 4
4 St-Germain (rue) 1
3 St-Honoré (rue). f. de Beauvais. 1
3 St-Jacques (rue). 1
4 St-Jean (rue). f. de la Hotoie. 4
1 St-Leu (petite rue). 2
1 St-Leu (rue). 4,2

3 St-Louis (rue). Louisville.
3 St-Martin (rue).
2 St-Martin-des-Champs (rue). .(
    faubourg de Noyon.
4 St-Roch (rue). f. de la Hotoie
1 St-Maurice (rue)
1 St-Pierre (chaussée). 4,2 b
2 St-Remi (petite rue).
2 St-Remi (rue).
4 Salle-d'Asile (rue de la). f. de 9
    la Hotoie.
3 Sergents (rue des). 4,2 1
3 Silvius (rue) f. de Beauvais.
2 Sire-Firmin-le-Roux (rue).
4 Sœurs-Grises (rue des).
2 Soleil (rue du).
2 Soufflets (rue des).
1 Taillefer (rue).
1 Tappeplomb (rue).
1 Teinturiers (r. des). f. St-Maurice 99 i
4 Tournecoëffe (rue).
1 Traversière (rue). f. Saint-
    Maurice.
4 Tripes (rue des).
2 Trois-Cailloux (rue des).
4 Trois-Sausserons (rue des).
3 Union (rue de l'). faub de 9
    Beauvais.
2 Vallée (rue de la). f. de Noyon 2 n
2 Vascosan (rue). id.
1 Veillère (grande rue de la).
1 Veillère (rue de la).
1 Veillère (petite rue de la).
3 Vergeaux (rue des).
4 Véronique (rue).
3 Verte (rue).
3 Verts-Aulnois (rue des). 11
3 Verts-Moines (rue des).
1 Ville (rue de la). 29
2 Vivier (rue du). f. de Noyon. 29
3 Voclin (rue). 41
2 Voirie (r. de la). f. de la Voirie 29 9i
2 Voirie (ruelle de la). id. 29
3 Voiture (rue) Henriville. 29
3 Wattelets (rue des). 4 b

IMPASSES.

Araignées (impasse des). 4
Azéronde, (imp.)rue Motte, 4),2
Bordeau (impasse du) 4
Calandre (imp. de la), (pl. au
  Fil, 3 bis. 4
Cordeliers(impasse des) r. des
  Cordeliers, 50 bis). 4
Crosse (imp. de la) (r. Metz-
  l'Evêque, 28 bis). 2
Cruchons (imp. des)   id. 2
Isle-St-Germain(impasse de l').
  place St-Germain. 4
Jardinet (impasse du), r. des
  Hautes-Cornes. 2
Jean-Sellier (impasse) faub.
  de Beauvais. 4
Jeunes-Mâtins (impasse des),
  r. d. Jeunes-Mâtins, 3 bis).4
Monmignon (impasse). faub.
  de la Hotoie. 4
Passementiers (imp. des) rue
  de Fontaine, 25. 4
Poissonnerie- d'Eau - Douce
  (imp. de la). 4

4 Porge (impasse du) rue des
  Bouchers, 42. 4
2 Rabuissons (imp. des) (r. des
  Rabuissons, 62). 4
8 Route-d'Abbeville (impasse de
  la) faub. de Hem. 4
4 Route-d'Albert (imp. de la). f.
  de Saint-Pierre. 2
2 Rubempré (imp. de), (r. Metz-
  l'Evêque 34). 2
2 St-Didier (imp.) r.St-Denis 34. 2
2 St-Firmin-le-Confesseur(imp.)
  même rue, 2. 2
2 Ste-Marie (impasse). Henriville.2
3 St-Patrice (impasse). pl. au
  Fil, 18 bis. 4
2 St-Remi (imp.)pl. St-Remi, 8. 2
4 Sans-Boutons (imp.). id. 4
2 Sire-Firmin-le- Roux (imp.)
  même rue, 49. 2
2 Soufflets (imp.d.) pl.N.-Dame. 2
3 Trois-Paniers (impasse des) r.
  des Chaudronniers , 25 bis. 4

COURS.

Artus (cour) r.de la Hotoie,64b 4
Bicêtre (cour du), (rue Basse-
  des-Tanneurs, 80). 4
Blanc-Mouton, (cour du) r.
  des Doubles-Chaises, 6. 4
Dubrulle,(cour) rue du Four-
  des-Champs. 4
Enfer (cour d') (p. r. de Beauvais. 4
Grosse-Pierre (cour de la), g.
  rue de Beauvais, 407 bis). 4

3 Laballe (cour) rue des Corroyers, 97. 4
4 Landi (cour du), r. d'Engoulvent, 23. 2
2 Logis-du-Roi (cour du), rue
  des Trois-Cailloux, 45. 2
4 Mai (cour de), 2
4 Motte (cour) rue du Moulin-Neuf, 5.4
3 St-Laurent (cour). gr. rue de
  Beauvais, 22. 4

2

A travers les Rues.

—⊃○⊂—

Aujourd'hui, grâce à la rapidité des communications établies par les lignes de fer, le voyageur en quelques heures voit bientôt surgir devant lui une grande ville, centre fécond d'intelligence, de commerce et d'activité, descendant en pente douce vers la Somme ; elle présente dans ses diverses parties une physionomie qui dénote de suite les mœurs et la vie de la population ; en haut, la richesse heureuse et l'aisance tranquille, au milieu, le commerce avec ses préoccupations, son animation et ses mouvements néanmoins réguliers ; en bas l'industrie, base solide de prospérité, avec ses machines s'agitant sous l'effort des eaux et le souffle puissant de la vapeur— Au milieu de cette agitation, la Cathédrale s'élève calme vers le ciel, comme pour y porter la prière — cette ville, c'est Amiens.

Gare d'Amiens.

Il ne faut pas quitter la gare sans jeter un coup-d'œil sur ses vastes et belles constructions — sa porte principale est tout à fait monumentale ; elle est surmontée d'un cadran illuminé chaque soir — un espace immense est couvert par des toitures dont la charpente en fer est portée sur des colonnes en fonte d'une grande légèreté— les ateliers de construction occupent un terrain aussi étendu que beaucoup de villes.

Grand Séminaire.

Rétrogradons un moment — notre curiosité n'a qu'à y gagner — et entrons dans le faubourg de Noyon. Cette église, c'est Ste-Anne ; elle est peu remarquable, mais elle nous conduit jusqu'au grand Séminaire , un des beaux édifices de ce genre. Construit en pierre de taille, en 1759, aux frais de la Congrégation de St-Lazare, il se distingue par son étendue et sa régularité que complètent deux longues ailes qui n'ont été achevées que vers 1850, et qui contrastent encore par leur blancheur avec la sombre couleur du vieil édifice. Par un privilége bien rare et bien précieux , la bibliothèque du Grand Séminaire d'Amiens renferme environ 12,000 volumes.

Après cette excursion , nous entrons dans la rue de Noyon, incontestablement la plus large de la ville. Bordée de trottoirs dallés, éclairée, la nuit, par le gaz que conduisent d'élégants candélabres en fonte, elle peut ri-

GARE D'AMIENS.

valiser, par le mouvement que lui communique le voisinage de la Gare, par sa régularité, avec quelques-unes des plus belles de la capitale.

Place St-Denis. — Statue de Ducange.

Nous débouchons sur la place St-Denis dont l'emplacement a subi, depuis six cents ans, des transformations nombreuses. A la fin du XIIIe siècle, c'était un cimetière, agrandi à plusieurs reprises, et servant à neuf paroisses de la ville. Durant la première République, on y établit des ateliers de salpêtre ; sous la Restauration, on y éleva une croix de mission. Aujourd'hui elle est entourée de maisons bâties uniformément, et cette régularité, tant soit peu monotone, est détruite par la statue en bronze du savant Ducange, due au sculpteur picard Caudron.

En sortant de la place, à l'angle nord, nous entrons dans la rue St-Denis dont l'aspect calme fait pressentir le voisinage du Palais de Justice, qui fut autrefois le couvent des Célestins. Presque en face, au n° 28, s'élève un hôtel remarquable par son architecture, et nouvellement restauré avec beaucoup de soins. Il a été bâti en 1634, pour servir de bureaux aux Trésoriers de France en Picardie.

Place St.-Michel. — Pierre l'Hermite. Le Palais épiscopal.

La rue St-Denis regarde à son extrémité, d'un côté la Cathédrale, de l'autre la place St-Michel, sur laquelle se se dresse, dans une attitude d'inspiration religieuse, la statue en bronze de Pierre l'Hermitte, due à M. Forceville, sculpteur-amateur de notre ville. Le Palais épiscopal, bâti sur un des côtés de notre basilique, est masqué par un mur ; l'entrée de ce palais n'offre rien de remarquable.

Deux pas encore, et nous entrons dans ce vaste et majestueux monument qu'ont visité tour-à-tour, le cœur rempli d'un saisissement religieux, les artistes, les grands capitaines, les rois, les empereurs, et qui restera, au milieu des siècles qui s'écoulent, comme un témoignage du génie architectural et de la foi de nos pères.

La Cathédrale.

Le mérite de la Cathédrale d'Amiens est tellement connu qu'il est inutile d'entrer dans de longs détails pour le faire apprécier par les voyageurs, dont les moments sont comptés. Nous nous contenterons de leur en indiquer sommairement ce qu'elle offre de plus remarquable; les touristes qui auront plus de temps à dépenser trouveront des descriptions plus étendues publiées à Amiens (*).

(*) **Nouvelle Description de la Cathédrale d'Amiens,** par M. Goze, suivie d'une **Notice sur le Beffroi et l'Hôtel-de-Ville d'Amiens,** par M. H. Dusevel, 1 grand vol. in-8° jésus, avec 12 gravures. — Prix : 6 fr.
Petite Notice sur la Cathédrale d'Amiens, nouvelle édition, par M. Goze. — Prix : 30 centimes.
Six grandes Vues de la Cathédrale d'Amiens, dessinées par Chapuis, à 1 fr. 50.
Vues photographiques et stéréoscopiques de la Cathédrale.

La cathédrale de cette ville est le monument religieux le plus vaste qui existe en France, car il occupe huit mille mètres de superficie. — Il fut commencé, en 1220, sous la direction de Robert de Luzarches, architecte picard, puisque la partie de l'Ile-de-France où il naquit était alors comprise dans la Picardie. Les fondations exigèrent trois années de temps pour être comblées ; elles ne reposent pas plus sur des pilotis que celles de Notre-Dame de Paris. Elles ont six mètres de profondeur sur autant d'empâtement et sont composées de seize assises de gros libages disposés en redents, sur un banc d'argile. Les autres architectes furent Thomas et Renaud de Cormont, père et fils, également picards, puisque Cormont est situé dans les environs de Boulogne. L'édifice fut achevé en 1288 et Pierre Largent en éleva les tours à la fin du XIVe siècle et peut-être commença-t-il les chapelles qui ont été ajoutées, après-coup, aux bas-côtés de la nef.

FAÇADE OCCIDENTALE.

Elle se divise, en bas, en trois porches très profonds ; sur les trumeaux qui les séparent, sont les statues des prophètes de l'ancien Testament ; au-dessous, sur deux rangées sont des bas-reliefs renfermés dans des médaillons et représentant les sujets qui font reconnaître ces envoyés de Dieu. Le porche central montre sur le trumeau de la grande porte une très belle statue de N.-S. Jésus-Christ tenant le livre des Évangiles ; sur les côtés, sont rangés les douze apôtres ; les médaillons au-dessous représentent les vertus et les vices en opposition. Sur les jambages de la porte sont les vierges sages et les vierges folles ; sur le tympan du fond se déploie la scène imposante du jugement dernier. Sur les cordons des voussures sont les anges, les vieillards de l'apocalypse, les signes précurseurs de la fin du monde, la punition des réprouvés , un double arbre de Jessé, etc.

Le porche de droite présente la statue de la Sainte-Vierge sur le trumeau du fond ; les grandes statues des côtés retracent l'Annonciation, la Visitation, la Présentation au temple, Salomon, la reine de Saba, les rois Mages, et les médaillons complètent l'explication de ces faits historiques relatifs à la mère de Dieu. Sur le tympan est représenté son ensevelissement et son glorieux couronnement, après son assomption.

Le porche de gauche est consacré à la mémoire de St-Firmin, martyr, apôtre et patron de la Picardie et de sa capitale. Sur les côtés, sont les saints qui ont occupé le siège épiscopal d'Amiens , ou ont illustré cette province par leurs vertus ; sur le médaillon sont sculptés les signes du zodiaque et les travaux de l'année qui y correspondent. Sur le tympan du fond sont l'invention et la glorification des reliques du saint patron,

Au-dessus de ces trois porches, est une galerie très élégante et quatre jolies pyramides , puis une autre galerie dont les niches sont remplies par vingt-deux statues colossales qui représenteraient les rois, prédécesseurs de N.-S. Jésus-Christ.

Plus haut, une superbe rose retrace les armes parlantes des Coquerel, famille illustre d'Amiens qui fit des dons importants à la Cathédrale.

. La façade se termine par les deux tours ornées de hautes balustrades délicatement travaillées à jour, ainsi que la double galerie qui les réunit ; tous les contre-forts sont décorés de statues de prophètes et d'évêques renfermées dans des pinacles. Si cette façade était mieux terminée, elle lutterait avantageusement contre celle de Reims ; l'inégalité de hauteur de ses tours doit être attribuée au manque de fonds et au changement des plans, plutôt qu'au titre simple d'évêché rattaché à l'église d'Amiens.

Le portail de Notre-Dame d'Amiens sera très remarquable, quand sa restauration, poussée avec assez d'activité depuis dix ans, sera achevée. Ce travail important ne pouvait être confié qu'à M. Viollet-Leduc, architecte du gouvernement. Il est parfaitement secondé par M. Massenot, architecte, inspecteur des édifices diocésains, MM. Duthoit, sculpteurs, M. Vast , entrepreneur, et d'autres personnes qui excellent dans les arts qui se rattachent à l'architecture. Les restaurations qui méritent de fixer l'attention sont celles des tours où l'on a observé scrupuleusement les caractères qui distinguent le style employé du milieu du XIVe siècle au commencement du XVe, des galeries des musiciens , des sonneurs, des rois, etc.

FAÇADE MÉRIDIONALE.

Au fond du porche et une statue très remarquable dite la Vierge dorée ; les statues latérales sont des anges, des prêtres canonisés du diocèse ; sur la voussure, des personnages de l'ancien testament ; sur le tympan, la découverte des reliques des saints Fuscien, Victorice et Gentien, leur exaltation par saint Honoré. Les ornements d'architecture de cette façade sont très beaux, en particulier la rose, le pignon terminal et les grands clochetons qui somment les contreforts.

A droite, au commencement de la nef, est un autre portail, dit de Saint-Christophe, parce qu'on distingue sur le côté une statue colossale de ce saint qu'on retrouve à l'entrée de beaucoup de grandes églises. On voulait faire entendre par là que tout chrétien, pour être sauvé, doit porter dans son cœur le Christ que saint Christophe a chargé sur ses robustes épaules.

Les groupes sculptés qui suivent, entre les trumeaux des chapelles ajoutées à la nef, au XIVe siècle, à droite, ont des rapports avec les vocables des autels qu'ils avoisinent; on y distingue saint Nicolas, l'Annonciation, la transfiguration, etc. On y a représenté des marchands de woide, matière usitée autrefois pour la teinture en bleu ; au-dessous une inscription indique que les marchands de cette substance, demeurant aux environs d'Amiens, ont fondé cette chapelle de leurs aumônes. A gauche, en commençant par le portail, on voit les statues de la sainte Vierge tenant l'enfant Jésus, dont un ange, placé sous la console de soutènement, cherche à égayer le sommeil, en jouant du rebec ou violon ancien à trois cordes ; au-dessous est Charles V, dit le Sage, roi de France; en bas, le cardinal de la Grange, son ministre, surintendant des finances, évêque d'Amiens. Il fit ériger les deux premières chapelles décorées en dehors des images de ses patrons, du dauphin de France, depuis Charles VI, de Louis VI, duc d'Orléans, tué en 1407, de ses collègues, les ministres Bureau de la Rivière et Guillaume de Méry; toutes ces figures historiques sont accompagnées des écus armoriés qui leur appartenaient.

FAÇADE SEPTENTRIONALE.

Elle est très simple ; sur le trumeau qui divise la porte est la statue de saint Honoré, évêque d'Amiens ; la plate bande du fond du porche est occupée par une charmante décoration encadrée dans une série de quatre feuilles. L'ogive du tympan est évidée par une fenêtre fort originale par l'agencement de ses nervures. Le reste de la façade est presqu'entièrement ouvert par la rose du nord. Les rayons de cet immense *oculus* sont soutenus par deux jambes de force ajoutées après coup avec assez d'habileté pour qu'ils ne soient pas visibles dans l'intérieur de l'église.

ABSIDE DE LA CATHÉDRALE.

Grâce au dégagement opéré depuis 1849, c'est vers l'abside que Notre-Dame d'Amiens se présente sous le meilleur aspect. Les chapelles absidales reposent sur un soubassement circulaire en grès ; les contre-forts sont surmontés de clochetons qui s'élancent à plus de quarante mètres d'élévation ; les arcs-boutants sont percés à jour par une élégante arcature. Deux chapelles ont été restaurées dans le style de leur construction primitive ; ce sont celles de sainte Theudosie, à droite, et celle de la sainte Vierge, au centre ; cette dernière est plus prolongée que les autres et elle a beaucoup de ressemblance avec la Sainte-Chapelle du Palais, à Paris. On a remplacé par une balustrade tréflée, empruntée à ce dernier monument, celle en style flamboyant qui, au XVIe siècle, avait été placée sur les belles frises composées de crochets et de feuilles trilobées.

Les grandes fenêtres du chœur sont surmontées de frontons aigus qui leur donnent beaucoup de majesté. La balustrade qui règne au bas du grand comble est formée de losanges renfermant des quatre-feuilles. La crète qui termine ce grand comble était ornée de trèfles qu'on a détruit en 1830, parce qu'on les avait pris pour des fleurs de lis.

CLOCHER CENTRAL.

Au centre de la croix latine formée par l'église s'élève, à une hauteur immense, une flèche octogone en charpente couverte de plomb, qui est l'ouvrage de ce genre le plus considérable qui existe en France. Elle a succédé, en 1529, à un clocher bâti partie en pierres, partie en bois qui, deux ans auparavant, avait été détruit par la foudre. Sa charpente portée par un système ingénieux d'arbalétriers et de clefs de décharge, a été imaginée par un simple ouvrier nommé Louis Cordon, né à Cottenchy, près d'Amiens. Les angles du premier étage sont ornés des statues colossales de N.-S. Jésus-Christ, de la sainte Vierge et des principaux patrons de l'église d'Amiens. Les frontons en accolade, placés sur la couronne royale qui ferme le second étage, sont surmontés d'anges tenant les instruments de la Passion.

Toute l'ornementation de ce clocher est dans le style flamboyant et de la renaissance, époque de sa construction; la partie supérieure a été altérée et raccourcie en 1627; mais on se propose de la restaurer convenablement et de lui rendre sa hauteur primitive.

On peut voir à l'Évêché une représentation, en bois d'acajou, à la réduction d'un vingtième, de la charpente du chef d'œuvre de Louis Cordon. Ce remarquable ouvrage est exécuté par M. Cahon, très habile ouvrier du chantier de M. Victor Corroyer, chargé des travaux de charpente de la Cathédrale. Quand il sera achevé, on pourra facilement en apprécier les moindres détails et admirer l'assemblage des principales pièces et en particulier des enrayures. On pourra facilement se convaincre que tout est réuni au moyen de chevilles, quoique presque tous les auteurs, qui le plus souvent se copient les uns les autres, aient affirmé qu'on s'en était passé.

Il ne faut pas oublier de jeter un coup-d'œil sur plusieurs constructions accessoires à la Cathédrale.

La grande sacristie a été établie récemment dans l'ancienne salle du chapitre, qui est un spécimen intéressant de l'architecture du XIVe siècle. Elle est remarquable par ses belles fenêtres, la balustrade supérieure formée de quatre-feuilles, sa jolie tourelle octogone, la crète et les épis en plomb de son comble. Les murs de l'intérieur sont décorés par les plus beaux tableaux de la confrérie du Puy, qui ont échappé au vandalisme destructeur. La tourelle en bois qui renferme l'escalier conduisant à la tribune est remarquable par ses fines découpures. Au centre de cette tribune, est une belle vierge portée sur une console fleurdelisée. En avant de la sacristie, est le logement, d'un aspect un peu lourd, du prêtre-sacristain ; contre son flanc gauche, on a rétabli une partie de l'ancien cloître qu'on appelait les Machabées, par corruption de Macabre, parce que la danse de ce nom était peinte sur ses murs. Ce nouveau cloître, très bien construit, renferme deux tombeaux assez remarquables, en marbre noir de Belgique; l'un est celui de

3

Robert de Fontaines, doyen du chapitre, mort en 1467; l'autre, dont la sculpture est rétablie, est celui de Jehan Lemerchier, chanoine, décédé en 1504.

La grille qui entoure la Cathédrale a son pilier d'angle du côté de l'Évêché, surmonté d'une croix ; vers l'intérieur, une inscription latine constate qu'on a enterré en cet endroit les ossements découverts en nivelant l'ancien cimetière qui existait autour de l'abside de l'église, dans le préau de l'ancien cloître.

Sur la droite, on aperçoit la chapelle nouvelle des Catéchismes, qui est une œuvre très savamment traitée dans le pur style ogival du commencement du XIIIe siècle, mais auquel le voisinage trop rapproché de la Cathédrale fera toujours le plus grand tort.

DIMENSIONS DE LA CATHÉDRALE

d'après les architectes chargés de sa restauration.

	m.	c.
Longueur totale de la Cathédrale, hors d'œuvre . . .	143	1
Sa largeur totale, aux transepts, id.	65	25
Largeur totale du portail occidental.	44	66
Tour du nord : hauteur de la maçonnerie.	64	6
hauteur de son comble	4	90
Id. de ses épis	3	37
Tour du sud : hauteur de sa maçonnerie.	55	52
Id. de son comble.	9	62
Id. de ses épis.	4	65
Hauteur totale à partir du pavé au faîte du grand comble	56	52
Flèche : sa hauteur, du faîte du toit à sa croix de fer . .	44	50
son diamètre au premier étage	7	80

Hauteur de ses deux étages, entre les planchers, du 1er 5 83

                                         du 2me 7 5

Hauteur de la croix de fer. 9 45

    Id. à partir du pavé au coq. 109 95

Nef : sa hauteur sous clef de voûte. 42 95

Épaisseur de la voûte . . . . » 35

Largeur de la nef, d'axe en axe des piliers 14 60

Piliers de la nef : diamètre de leur pile centrale; . . . 1 36

   de chacune des 4 colonnettes cantonnant cette pile. . » 47

   chaque colonnette est engagée dans cette pile de . . » 8

Diamètre du pilier d'une colonnette à l'autre. 2 14

Gros piliers du centre de la croisée ; leur diamètre . . .2 33

Bas-côtés : leur hauteur sous clef de voûte 19 68

    Id.   leur largeur d'axe en axe des piliers. . . . 8 78

INTÉRIEUR.

Ceux qui voudront jouir d'un spectacle magnifique, n'ont qu'à se faire conduire, sans lever la tête, sur le perron qui est à l'entrée du chœur ; de ce point central, en élevant leurs regards, ils auront la vue d'un monument qui excitera chez eux plus de sentiments de respect et d'admiration que bien d'autres que la religion a élevés dans d'autres contrées.

Plusieurs auteurs ont dit que les successeurs du premier architecte de Notre-Dame d'Amiens avaient suivi scrupuleusement ses plans, sans se permettre d'y rien modifier; cette assertion est vraie pour ce qui concerne l'ensemble de cet édifice, mais il n'en est pas de même quand on observe attentivement les détails ; la nef, œuvre spéciale de Robert de Luzarches ou de son successeur immédiat, est du plus pur style ogival du XIIIe siècle, tandis que le chœur semble commencer à se ressentir de la manière prétentieuse du XIVe siècle, quand on examine sa galerie ou triforium, les profils de ses fenêtres, les trilobes repliés des roses de ses fenêtres, etc. Dans ce chœur, la construction est plus soignée, mais l'ornementation s'éloigne de la simplicité et et de la sévérité des temps antiques qui font de la nef un véritable chef-d'œuvre.

Toute la claire-voie ou série des fenêtres supérieures a été autrefois fermée par des vitraux de couleurs qui donnaient au temple un jour mystérieux ; il ne reste de ces verrières que celles des trois roses, des fenêtres, à quelques endroits des bas-côtés et au fond des chapelles absidales ; la fenêtre centrale de l'abside du sanctuaire, dans son inscription, mentionne la date de 1269.

De chaque côté de la porte principale, on remarque les tombes en bronze des deux évêques-fondateurs ; à droite, est celle d'Evrard de Fouilloy, mort en 1223 ; à gauche, est celle de Gaudefroy d'Eu, mort en 1236. Ces monuments, et surtout le premier, sont les plus beaux de cette époque qui existent encore en Europe, d'après Charles Nodier. Au-dessus de la même porte, sont placées les grandes orgues dont la tribune en charpente est très-hardie, car elle est portée par quatre travées en ogives avec pendentifs et simulation de voûtes d'arrête; elle date de 1422, tandis que la montre des jeux est dans le style de la renaissance et porte les chiffres et les croissants de Henri II, ce qui la fait remonter à l'époque du règne de ce monarque. — Le pavé de la nef, en pierres blanches, la plupart de mauvaise qualité, est très-disgracieux ; en 1825, pour l'établir, on a malheureusement supprimé un labyrinthe octogone très-curieux, rappelant l'ancien et pieux usage de remplacer les voyages lointains à la Terre-Sainte par des pélerinages aux sanctuaires nationaux les plus révérés.

La chaire, malgré les défauts qu'on lui reproche, est une des plus belles de France. Elle fut faite, en 1773, par M. Dupuis, sculpteur d'Amiens, alors plus qu'octogénaire. C'est par suite du mauvais goût de l'époque qu'on a fait remplir aux vertus théologales le rôle inconvenant de caryatides.

BAS-CÔTÉ DROIT DE LA NEF.

On y remarque, adossés contre les premiers piliers, les monuments de deux chanoines : de Pierre Burrus, mort en 1504, et d'Antoine Picquet, décédé en 1652, et un beau bénitier octogone, en pierre de liais de Senlis, exécuté récemment en bon style ogival, d'après les dessins de M. Viollet-Leduc. Le bas-côté est longé par cinq chapelles fermées de grilles magnifiques comme toutes celles de la Cathédrale.

1re *Chapelle* : de St-Christophe. — Cet hercule chrétien a été représenté par M. Dupuis, portant sur son épaule l'Enfant-Jésus assis et non posé à califourchon, comme on a la mauvaise habitude de le placer ordinairement.

2e *Chapelle* : de l'Annonciation. — Ce fait mystérieux a été développé, en 1655, par un groupe de marbre blanc sur fond de marbre rouge formant camée, par le célèbre sculpteur d'Amiens, Blasset.

3e *Chapelle* : de l'Incarnation. — La statue en marbre blanc de la Ste-Vierge a été faite également par Blasset.

4e *Chapelle* : de St-Etienne. — Les statues de ce saint et de saint Augustin sont aussi dues à Blasset ; le tableau de l'autel a été peint en 1666, par le frère Luc, religieux Récollet, né à Amiens et élève de Vouet et de Lebrun ; il représente la Ste-Vierge ressuscitant pour monter dans les Cieux d'où son fils tend les bras pour la recevoir.

Sur le pavé, on lit la belle épitaphe latine de Feydeau de Brou, évêque d'Amiens, mort en 1706.

5e *Chapelle* : de Ste-Marguerite. — Elle est entièrement revêtue de marbre gris et blanc ; la statue de la Sainte est une œuvre médiocre, comme toutes celles qu'a produites son auteur, Vimeux, d'Amiens.

BAS-COTÉ GAUCHE DE LA NEF.

1re *Chapelle* : du Sauveur du monde — La statue du Christ passe pour avoir été retouchée par le même sculpteur; cette opération ne lui aura pas fait grand bien.

2e *Chapelle* : de Notre-Dame de Bon-Secours, patronne des hortillons ou jardiniers-maraîchers des rives de la Somme et de l'Avre, en amont d'Amiens. - La belle statue en marbre sculptée par Blasset, en 1634, représente la Ste-Vierge foulant aux pieds la mort sous la figure d'un squelette.

3e *Chapelle*, dite de St-Salve, non pas à cause de l'évêque d'Amiens de ce nom, mais à cause du crucifix miraculeux qui y est renfermé depuis la suppression de la collégiale de St-Firmin-le-Confesseur, démolie par suite de la Révolution.

St-Salve est employé pour St-Sauveur, nom qu'on donne au fils, seconde personne de la Ste-Trinité, qui se dévoua pour le salut des hommes. Le crucifix, de style Byzantin, de cette chapelle, est très-remarquable ; la tête a une expression sublime ; la vénération pour cette sainte image est très-grande, surtout de la part des mariniers, matelots, etc. L'ancien vocable de cette chapelle était celui des saints Crépin et Crépinien, patrons des cordonniers.

4e *Chapelle* : de St-Honoré, évêque d'Amiens, patron des pâtissiers et boulangers. — La sculpture peu remarquable en est due à M. Vimeux.

5e *Chapelle* : de Notre-Dame de la Paix. — La statue en marbre de la Ste-Vierge, faite par Blasset, en 1654, est une des plus remarquables, surtout par les draperies. Contre le pilier de droite est adossé un charmant monument de cet habile artiste, érigé, en 1644, à Jean de Sachy, maître de la confrérie de Notre-Dame du Puy; il est représenté à genoux avec son épouse, aux pieds de la Ste-Vierge et assisté par St-Jean, son patron. En bas est la mort toujours représentée, selon l'usage de cette époque, sous la figure d'un cadavre décharné.

6e *Chapelle* : de St-Firmin, martyr, patron du diocèse d'Amiens. — La statue du saint est ce que Vimeux a fait de mieux. Au lieu de le costumer en évêque, il lui a donné la mise simple d'un voyageur qui vient apporter à nos ancêtres idolâtres l'évangile ou la bonne nouvelle.

Dans le transept droit, près du dernier pilier de la nef, sont inscrites sur un pavé les initiales du nom d'Hernandès Teillo, capitaine des gardes Wallonnes qui, en 1597, surprit pour les Espagnols la ville d'Amiens, par une ruse de guerre bien connue. — Aux environs, est un monument votif en pierre érigé en l'honneur de la Sainte-Vierge, en 1690, par Claude Pierre, abbé de St-Acheul, lorsqu'il était maître de la confrérie de Notre-Dame-du-Puy. — Il y est représenté à genoux devant la Ste-Vierge et l'Enfant-Jésus et assisté par son patron St-Claude. — Au-dessous est un médaillon dans lequel est figurée la Ste-Famille.

Chapelle de Notre-Dame-du-Puy, à droite. — Le retable d'ordre Corinthien est décoré dans le style le plus riche de la fin de la renaissance; il est soutenu par des colonnes de marbre noir et entouré d'une balustrade en bronze. Blasset sculpta les statues qui représentent Judith, Salomon, David, et la Ste-Vierge avec l'allégorie du jeune enfant qu'elle retire du puits. — Sous ces statues sont des inscriptions latines explicatives et tirées des Stes-Ecritures. — Le tableau d'autel, exécuté par un des frères Franck, en 1628, représente l'assomption de la Ste-Vierge.

La confrérie de Notre-Dame-du-Puy mentionnée dès 1389 était une sorte d'académie religieuse distribuant des prix pour l'auteur de la meilleure ballade en l'honneur de la Ste-Vierge ; le maître en charge était obligé de donner une œuvre de peinture ou de sculpture exécutée dans le même but pieux, et c'est ce qui a donné naissance à la plupart des objets d'art qu'on admire encore dans la cathédrale et dont malheureusement beaucoup ont disparu.

Vis-à-vis cette chapelle, sont appliquées, dans les arcs trilobés de l'arcature qui règne dans tout le soubassement intérieur de l'édifice, huit tables en marbre sur lesquelles sont inscrits, en lettres d'or, les noms des maîtres de la confrérie de Notre-Dame-du-Puy, avec leurs devises et les dates chronologiques, depuis 1389 jusqu'à 1729.

En tête est gravée la bulle du pape Innocent X qui, en 1654, accorda des indulgences à la confrérie. En haut des tables, sont des bas-reliefs de marbre blanc dans lesquels Blasset représenta les principaux faits de la vie de la Ste-Vierge.

A la partie supérieure, quatre encadrements, en style flamboyant très-riche, renferment des groupes sculptés, peints et dorés, représentant la vie de St-Jacques-le-Majeur, expliqués par des vers qu'on ne peut guères déchiffrer, parce qu'ils sont presqu'entièrement effacés. Toute cette histoire du saint apôtre composait le tombeau de Guillaume Auxcousteaux, chanoine, mort en 1511.

Dans le transept gauche, à droite de la porte, s'élève un obélisque funéraire érigé à la mémoire de Pierre Sabatier, évêque d'Amiens, mort en 1733.

Les sculptures exécutées par Dupuis consistent dans la statue couchée du prélat, un bas-relief représentant

3.

la religion et la charité et un ange sonnant de la trompette, comme pour annoncer le jugement dernier.

De l'autre côté, est une inscription avec une urne en marbre d'un style assez mesquin, indiquant que là repose le cœur de Mgr Demandolx, évêque d'Amiens de 1804 à 1817.

Sous le bas-côté gauche, est une ancienne cuve baptismale, en pierre de liais; cette vaste baignoire servait au baptême par immersion qui fut ainsi administré jusqu'au XIVe siècle. Elle est de style byzantin et décorée à ses angles des figures des prophètes qui ont parlé du baptême.

Aux environs, quatre groupes sont enchâssés dans un décor de style flamboyant qui est de mauvais goût, à force d'être riche; ils forment le pendant de l'histoire de St-Jacques. Ils représentent les diverses parties du temple de Jérusalem, désignées chacune par leur nom. Dans la première qui est le vestibule, *atrium*, N.-S.-J.-C. chasse les marchands du temple. Ce monument sert de tombeau au chanoine Jean Duitz, mort en 1523.

Contre un pilier vis à-vis, est incrustée dans le pavé l'épitaphe du célèbre poète amiénois Gresset, mort en 1777. Elle a été rapportée en ce lieu avec son corps en 1811, du cimetière supprimé de St-Denis. Une épitaphe latine placée contre le pilier explique cette translation. Elle a été placée aux frais et par les soins de M. Ledieu, d'Amiens, qui a fait également replacer dans l'autre transept les tables de marbre contenant les noms des maîtres de la confrérie de Notre-Dame-du-Puy.

Contre un des maîtres piliers de la croisée, à gauche, vers les nefs, est adossé le remarquable monument en style renaissance de Charles Hémard de Dénonville, cardinal, évêque d'Amiens, mort en 1540, après avoir mérité par ses vertus le titre de bon pasteur. On y distingue sa statue à genoux, le vertus théologales et cardinales avec leurs attributs, d'élégantes arabesques et des vases sacrés et ornements religieux disposés en trophées; vis-à-vis, comme pendants de la chapelle de Notre-Dame-du-Puy, est celle de St-Sébastien qui est exactement décorée de la même manière. Le tableau d'autel représentant N.-S.-J.-C. mis en croix a été attribué à Quentin Varin, de Beauvais, qui fut le maître du célèbre Poussin.

Les statues faites par Blasset représentent : la Justice et la Paix, et les Saints Roch et Sébastien. Celle de St-Louis a été refaite en 1832 par M. Duthoit, d'Amiens.

CHAPELLES, TOMBEAUX ET BAS-RELIEFS
AUTOUR DU CHOEUR.

1re *Chapelle à droite* : de St-Pierre et de St-Paul. — Elle a été décorée, en 1750, aux frais du chanoine Cornet de Coupel, qui dépensa plus de 100,000 écus pour la décoration de la cathédrale. Ses armes parlantes se voient au bas du tableau de l'autel, dans lequel Parrocel a représenté l'adoration de N.-S.-J.-C. par les mages. Les statues des chefs des apôtres ont été sculptées par Dupuis. Les fonds baptismaux ovales, en marbre noir, faits en 1672, ont été transférés en 1791, dans la cathédrale, de la paroisse supprimée de St-Firmin-le-Confesseur.

Vis-à-vis de cette chapelle, sur le mur qui sert de clôture au chœur, à droite, sont disposés dans deux travées des groupes sculptés, peints et dorés, disposés dans huit arcatures d'un très-beau style flamboyant. Ces sujets historiques accompagnent deux tombeaux dont l'un est celui de Ferry de Beauvoir, évêque d'Amiens, mort en 1472 et l'autre celui d'Adrien de Hénencourt, son neveu, doyen du chapitre, très-généreux envers l'église d'Amiens, décédé en 1530.

Des écussons chargés de maillets appendus de côté et d'autre prouvent que le prélat et son neveu descendent de l'illustre famille picarde de Mailly.

Les sujets des groupes, pour la première travée, sont 1° l'entrée de St.-Firmin dans Amiens. — Le saint, revêtu de ses habits épiscopaux, bénit le sénateur Faustinien avec sa fille, à la tête des habitants de la ville. La peinture du fond représente la ville d'Amiens; au bas on lit ces mots, gravés en creux en caractères gothiques :

Le disième de octobre Amiens· Saint Fremin fit première entrée·
Dont Faustinien et les siens· Ont grande joye demonstrée·

2° La prédication de St.-Firmin.

Au poeuple d'Amiens anucha· La sainte loy euvangelique·
Tant que plusieurs deulx adrescha A tenir la foy catholique.

3° Le baptême de la fille de Faustinien — La fille de Faustinien est plongée jusqu'aux reins dans la cuve baptismale. St.-Firmin verse de l'eau sur Attile.

Au fond, l'intérieur de la ville.

Faustinien. la noble Attile· Fême Agrippin. famille enfans
Baptisa avec trois fois mille· Pour ung jour la foy côfessas·

4° Jugement et martyre de St.-Firmin. — Longulus et Sébastien condamnent le saint Apôtre, dénoncé par les prêtres payens, debout au pied du tribunal. A gauche, le peuple dans la douleur, sur le devant St-Firmin, entre les mains de ses bourreaux, dont les uns le saisissent et d'autres le précèdent avec des torches et des armes.

En dehors du cadre, et adossé contre le pilier qui sépare les travées, St.-Firmin est décapité. Dans le fond, la façade de la cathédrale et deux églises.

Longulus et Sébastien· *Des ydolâtres à l'instance*
Le sainct martyr par faulz moyen *Emprisoneret et puis sãs ce·*

Quele pœuple en eut congnaissãce *Secrètement contre raison·*
Firet de nuit soubz leur puissance *Trechier so chief en la prison.*

Le soubassement de cette première travée est rempli par la tombe de l'évêque Ferry de Beauvoir. Au fond de la niche qui reçoit la statue couchée de l'évêque revêtu de superbes habits pontificaux, sont peints les douze apôtres avec leurs insignes distinctifs et tenant chacun une banderolle sur laquelle est inscrite un verset du *Credo*. Deux moines en prières sont à chaque bout de la tombe. Au-dessous de la niche, deux chanoines en soutane rouge, surplis et chape, soutiennent le drap mortuaire.

Dans les quatre arcatures qui remplissent la seconde travée on distingue 1° St. Salve, en chaire, exhortant les fidèles à faire des prières pour obtenir la découverte des restes de St.-Firmin.

Sainct Saulve son peuple incitoit· *De faire à Dieu prière pure.*
Désirant scavoir ou estoit· *De sainct Fremin la sépulture·*

2° St -Salve, à genoux à l'autel, contemple les rayons lumineux sortant d'un nuage et indiquant le lieu de la sépulture.

Sainct Saulve en eslevant les yeux   Apperceut du trone divin·
Come ung rais du soleil dessus· Le corps du martyr sainct Fremin

3° Invention des reliques de St.-Firmin. — St.-Salve accompagné de quatre autres évêques, fait exhumer par un prêtre le corps de St -Firmin qui paraît hors de terre à mi-corps.

Quatre évesques-Beauvais-Noyon Cambray-Therouenne aidant Dieu
Vindrent voir ceste invetion   Evocquez par lodeur du lieu·

4ⁿ Translation de St.-Firmin. — Six personnages revêtus d'habits sacrés portent la châsse sur leurs épaules, précédés de porteurs de flambeaux avec des écus. La procession est fermée par les cinq évêques. Deux malades sont guéris. Au cœur de l'hiver, les les arbres sont couverts de fleurs.

A St-Acheul en chasse mys·   Fut puys en Amyens apporte·
Plusieurs malades la transmys· Le depriant current sancte·

Le tombeau de Adrien de Hénencourt tient le milieu du soubassement de cette travée et treize médaillons représentant la vie de St.-Firmin remplissent le dessous des miracles des reliques. 1ⁿ Baptême de St-Firmin ; 2° son éducation ; 3° baptême du père de St.-Firmin ; 4° prédication du saint ; 5° son sacre ; 6° St.-Firmin en Auvergne ; St.-Firmin à Angers ; 8° il construit une église ; 9° ses miracles ; 10° guérison du lépreux ; 11° guérison d'un aveugle ; 12° autre miracle ; 15° un exorcisme.

Contre le pilier qui suit on voit le joli tombeau en marbre blanc de Charles de Vitry décédé en 1670. La statue de l'Enfant-Jésus, écrasant avec la croix la tête du serpent infernal, porte sur son socle le nom de Blasset; le piédestal surmonté de deux remarquables têtes d'anges est attribué à Crescent, sculpteur distingué d'Amiens, qui aurait mis en place ce monument, en 1705.

Sur le mur du bas-côté, un monument en marbre noir encadre une table de bronze relatant une donation que fit à son église Jehan Avantage, évêque d'Amiens, mort en 14`6. Au-dessus de l inscription, le prélat est figuré à genoux, présenté à la Ste-Vierge par son patron St-Jean l'évangéliste

2e *Chapelle:* de St-Joseph. — Le retable de cette chapelle est en marbre gris et rouge, soutenu par des colonnes torses d'une belle et difficile exécution, sinon de très-bon goût. Le vocable est St-Joseph dont la statue est due au ciseau de M. Duthoit d'Amiens. Sur le socle qui la supporte est un bas-relief doré représentant les Israélites recueillant la manne dans le désert. De chaque côté du fronton sont les statues assises des évangélistes St-Luc et St-Jean, sculptées par Dupuis.

3e *Chapelle:* de St. Eloy, évêque de Noyon et de St-Domice, chanoine d'Amiens. — L'enlèvement des boiseries qui cachaient l'arcature du soubassement a laissé voir des peintures murales représentant huit des sybilles avec des inscriptions en vers signalant les prophéties qu'elles avaient faites de la venue du Messie sur la terre. Toute cette intéressante décoration qui mériterait d'être restaurée avec soin a été exécutée en 1506, par les ordres du généreux doyen du chapitre, Adrien de Hénencourt. On voit encore, du côté de l'autel, sa représentation en grand costume, ses insignes sacerdotaux et canonicaux, et ses armoiries. La verrière représente la vie de St-Eloy. La porte, au-dessous, nouvellement restaurée, est dans le style du XIVᵉ siècle et conduit dans les nouvelles sacristies. L'autel en pierre a été refait dans le style de la chapelle. Sur le mur de gauche se lit l'épitaphe du chanoine De La Morlière, auteur des antiquités d'Amiens, mort en 1639.

4ᵉ *Chapelle :* De St-François d'Assises. — Comme plusieurs chapelles du pourtour du chœur, elle a conservé les lambris et les sculptures médiocres de Vimeux, qui cachent la belle arcature du soubassement ; elles sont encore fermées par des grilles assez élégantes, mais peu appropriées au style de l'édifice. L'ancien vocable de cette chapelle était celui de St-Nicaise, dont la vitre retraçait l'histoire. Aux environs, le pavé aurait été divisé par des sections transversales pour rappeler un combat qui eut lieu en cet endroit, le 8 décembre 1561, entre les huguenots qui voulaient piller et profaner la cathédrale et les catholiques accourus pour la défendre. A cause du sang répandu, elle fut purifiée le lendemain par Nicolas de Pellevé, évêque d'Amiens.

A chacun des piliers qui séparent les chapelles absidales sont deux colonnettes isolées de la maçonnerie dans toute leur hauteur ; ce, qui les rend sonores à la percussion et contribue à prolonger les échos de la musique vocale et instrumentale.

5ᵉ *Chapelle :* de St-Jacques-le-Majeur. — La vitre représente sa vie et ses pèlerinages à St-Jacques-de-Compostelle. Au bas, sont les épiciers avec leurs marchandises. Cette chapelle servait de centre religieux de réunion à cette corporation des marchands d'Amiens.

6e *Chapelle:* de la Ste-Vierge, dite autrefois de primes ou de la draperie. — Ce dernier nom lui venait de ce que les marchands drapiers d'Amiens s'y réunissaient. On la nommait aussi la petite paroisse, parcequ'elle servait aux offices paroissiaux qui étaient célébrés dans la cathédrale. Elle a été restaurée avec le plus grand soin à l'extérieur et dans l'intérieur ; on a réparé la belle arcature de son soubassement. Deux magnifiques tombeaux, dont l'un à gauche, non loin de l'autel, est celui de l'évêque Simon de Goucans, mort en 1525 et l'autre, plus en avant, est celui de Thomas de Savoie, chanoine, mort dix ans après. L'autel doit être construit d'après les dessins de M. Viollet-Leduc aux frais de la ville d'Amiens qui a voté 26,000 fr. pour la dépense. La vitre du fonds représente plusieurs scènes de la vie et de la passion de N.-S.-J.-C. Sur celles de côté, on aperçoit les fragments d'un arbre de Jessé. A l'entrée, de chaque côté, étaient deux tableaux fort estimés, exécutés en 1788 par Fortis et provenant de l'église supprimée de St-Firmin-en Castillon; ils représentent, l'un le retour de l'enfant prodigue, l'autre la mort de St-François-Xavier. Quelques tableaux couvrent par-ci par-là les murs de la cathédrale, mais ils ne l'ornent pas, car il y en a de bien médiocres, tant parmi ceux donnés par le gouvernement que parmi ceux qui font partie du chemin de la Croix, dans les chapelles de la nef.

Vis-à-vis cette chapelle, s'élève un beau mausolée érigé pour perpétuer la mémoire du charitable chanoine Guillain Lucas, mort en 1628, après avoir fondé un hospice d'orphelins, dit l'école des enfants bleus. Aux pieds de sa statue, est l'enfant pleureur, chef d'œuvre de Blasset. Il est impossible de rendre avec plus de vérité et d'expression la douleur de l'enfance malheureuse et abandonnée. Au bas de ce tombeau, dans une niche, est couchée la statue en marbre blanc du cardinal de la Grange, évêque d'Amiens, mort en 1402, après avoir été surintendant des finances et ministre de Charles V, roi de France.

7e *Chapelle :* de Ste-Theudosie, autrefois de St-Augustin, évêque et apôtre de l'Angleterre. — Sa vie est représentée sur la vitre centrale. Sur celle de gauche, on a retracé celle de Ste-Theudosie, martyre, dont le corps, retrouvé en 1842, dans les catacombes de Rome, par les soins de l'évêque de Porphyre, fut pour ainsi dire conquis et rapporté de Rome à Amiens, en 1853, par les soins de Mgr de Salinis, et transporté en grande pompe dans la Cathédrale, ainsi que la pierre tumulaire dont nous donnons ici la gravure.

L'épitaphe gravée sur sa tombe, par les soins mêmes de son époux, est le titre le plus authentique par lequel cette sainte appartient non-seulement à notre diocèse mais encore à la ville d'Amiens. Elle se termine par ces mots devant lesquels tout doute doit disparaître : NAT. AMBIANA, *née à Amiens.*

Bien qu'il soit assez difficile de faire l'historique de Ste Theudosie et de déterminer l'époque précise de son martyre, on pourrait presque affirmer qu'elle remonte pour la foi dans la grande persécution de Dioclétien. En effet, le nom d'Optatus, que nous retrouvons sur la pierre tumulaire de Ste Theudosie, comme celui de son époux, figure dans les annales des premiers temps du christianisme. Rapprochement plus significatif : Optatus est rangé, par le poète chrétien du 4e siècle, Prudence, parmi les martyrs de Sarragosse, dans la persécution de Dioclétien.

Seize ou dix-sept siècles se seraient donc écoulés depuis le jour où elle alla d'Amiens à Rome pour le martyre, jusqu'au jour où elle revint de Rome à Amiens pour le triomphe (1).

La teinte de la vitre sur laquelle est retracée la vie de cette sainte est trop bleue et contribue avec la peinture murale à rendre cette chapelle obscure. Il y a du pour et du contre sur cette manière de décorer les édifices du moyen-âge ; il serait prudent de ne pas trop se hâter d'appliquer à la cathédrale d'Amiens cette ornementation qui ne lui convient pas beaucoup mieux que d'autres. L'architecture dans cette église joue un si grand rôle qu'elle n'a guère besoin d'appeler à son aide la peinture et la sculpture ; c'est assez de la consolider et de la réparer, sans risquer de l'enlaidir, en cherchant à l'embellir. Sur la vitre de droite, un peu moins triste que la correspondante, on voit la vie de St-Firmin, martyr et de St-Honoré, évêques d'Amiens, avec leurs effigies au bas et la corporation des tisseurs et fileurs de la ville qui étaient sous leur patronage.

8e *Chapelle* : de St Jean-Baptiste. — Comme ses voisines, elle forme parallèle à celle du côté droit. Sur sa vitre est l'histoire du saint précurseur du Christ.

(1) On trouvera les détails complets de la décoration de cette chapelle dans la petite brochure publiée par M. A. D. qui se vend 25 c. chez l'éditeur Alfred Caron, rue des Trois-Cailloux, 54.

9e *Chapelle* : de St-Quentin. — Elle a été réparée comme sa correspondante ; la porte du fond communique à la salle des Cathéchismes. Une des vitres est bordée de léopards d'or sur fond de gueules, ce qui indiquerait qu'elle a été donnée par un personnage de la maison royale d'Angleterre.

10e *Chapelle* : de Notre-Dame de Pitié ; elle fait le pendant de celle de St-Joseph. — La statue estimée de la Ste-Vierge et les évangélistes St-Marc et St-Mathieu font honneur au ciseau de Dupuis. Le bas-relief de l'autel représente le sacrifice de Melchisédech. Sur un pilier est adossé le tombeau du chanoine Antoine de Baillon, mort en 1644. Sa statue et surtout celle de l'*ecce homo* sont dignes de Blasset.

Plus loin, contre le mur, une niche en plein cintre reçoit la statue couchée de Gérard de Conchy, évêque d'Amiens, mort en 1257. On a commencé la restauration de ce remarquable tombeau, mais malheureusement on n'a pas achevé ce travail intéressant.

11e *Chapelle* : de St-Jean-Baptiste. — Le retable d'autel est le plus riche de tous ceux de la Cathédrale ; il est en marbre d'un beau choix, tels que cipolin, rance, campan, brèche violette. Il est d'ordre composite, avec des ornements dorés, exécuté en 1710, sous la direction d'Oppenor, célèbre sculpteur de Paris ; le bas-relief en bois de l'autel a été fait, en 1780, par Carpentier, habile sculpteur d'Amiens, et les deux grandes statues en pierre de Tonnerre de St-François de Sales et de St-Firmin-le-Confesseur, évêque d'Amiens, sont dues à Poultier, parrain et maître de Dupuis.

Le chef de St-Jean-Baptiste, rapporté depuis 1204, de Constantinople à Amiens, est exposé sous un dais en style flamboyant, exécuté par M. Duthoit. Il est recouvert par un magnifique morceau de cristal de roche taillé en forme de tête.

Cette chapelle renferme le tombeau de François Faure, cordelier, évêque d'Amiens, prédicateur du roi et aumônier de la reine-mère, Anne d'Autriche, mort en 1687. Le style en est lourd, et la sculpture est loin de valoir celle des œuvres voisines des artistes picards.

Vis-à-vis de cette chapelle, dans les deux travées qui forment la clôture septentrionale du chœur, on voit toute la légende de St. Jean—Baptiste. L'œuvre a deux parties : dans les arcatures la vie du précurseur est sculptée en haut-relief et en médaillons dans les soubassements.

Les sujets en haut-relief de la première travée du côté de la nef sont : 1º St.-Jean prêchant, dans le désert, la foule attentive.

> *Saint Jhan preschoit au desert par constance.*
> *Adfin que on feict les pechetz penitance.* 1531.

2º Baptême de J.-C. par St-Jean. — Jésus-Christ dans le Jourdain ; des anges tiennent la tunique du Sauveur. Dant le haut le Père éternel, et le St.-Esprit sous la forme d'une colombe.

> *Jhesus entra au floeuve de Jordain.*
> *Ou baptesme eubt de sainct Jhan por certain.*

3º St.-Jean révélant sa mission. — Les Pharisiens viennent trouver St.-Jean et lui demandent qui il est :

> *Interrogue sainct Jhan qui il estoit·*
> *Dict estre voix qui au desert preschoit·*

4⁰ St.-Jean montrant J.-C. : Voici , dit le Précur-seur, l'Agneau de Dieu, voici celui qui efface les péchés du monde.

Sainct Jhan voyant Jhesus vers lui marcher·
Vecy le agneau de Dieu (dit-il) très cher·

Les médaillons du bas de cette travée du côté de la nef, montrent : 1⁰ la Vision de Zacharie ; 2⁰ Zacharie sortant du Temple ; 3⁰ Rencontre de Zacharie et d'Elisabeth ; 4⁰ la Visitation de la Ste-Vierge ; 5⁰ Marie chez Elisabeth ; 6⁰ Naissance du saint Précurseur, 7⁰ sa circoncision ; 8⁰ il est présenté à sa mère ; 9⁰ Zacharie le nomme ; 10⁰ saint Jean dans le désert.

Les sujets de la seconde travée sont : 1⁰ St-Jean devant Hérode. — Son emprisonnement.

Pour arguer Herode de adultere·
Sainct Jhan fut mis en prison fort austere·

2⁰ Danse de la fille d'Hérodiade devant Hérode et sa concubine.

De Herodias la fille demanda·
Le chef de sainct Jhan, Herode le accorda·

3⁰ Décolation de saint Jean.

En prison fut saint Jhan décapité·
Pour avoir dit et presché vérité·

4⁰ Le chef de St-Jean aux mains d'Hérodiade. — Hérodiade perce d'un stylet la tête du martyr. Sur le devant, Salomé en défaillance. Un valet portant un plat.

Le chef sainct Jhan fut à table posé
Puis d'un cousteau dessus l'œul incisé.

Cinq médaillons se trouvent dans le soubassement de cette seconde travée, ils représentent 1⁰ la Sépulture de St.-Jean ; quatre personnages. Les uns avec des pelles et des pioches enterrent le saint ; les autres sont dans la douleur ; 2° Concours et miracles au tombeau ; 3° Les os du saint sont brûlés ; 4° Les cendres jetées au vent ; 5° Réception du chef de St.-Jean. — Wallon de Sarton présente le saint chef à Richard de Gerberoy, 44ᵉ évêque d'Amiens.

CHOEUR ET SANCTUAIRE.

On arrive à la porte du chœur par un perron en marbre rouge de Flandre. La grille qui le ferme, ainsi que celles qui circonscrivent le sanctuaire sont magnifiques et sont l'ouvrage de Vaireu, dit Vivarais, très-habile serrurier de Corbie. L'entrée du chœur est de très-mauvais style et demande à être modifiée ; elle est accompagnée de deux statues qui n'y produisent pas un très-bon effet ; à droite, est celle de St-Charles Borromée, par Dupuis, et à gauche, celle de St-Vincent-de-Paul, par M. Duthoit.

Le beau pavé de marbre du chœur disposé en losange a été donné, en 1766, par Mgr de la Motte d'Orléans, évêque d'Amiens. On lit au centre l'épitaphe de ce vénérable prélat qui mourut en 1774 ; aux environs sont les épitaphes d'autres évêques d'Amiens, de Mgr de Bombelles, mort en 1822, et de Mgr Gallien de Chabons, mort en 1839. 116 stalles en chêne disposées sur deux rangs rendent le chœur de Notre-Dame d'Amiens plus majestueux que tout autre. Ce travail prodigieux dura de 1508 à 1522, exécuté par quatre artistes du pays dont l'un d'eux signa de son nom de *Jean Trupin* la

86ᵉ stalle à gauche. On y compte 400 sujets sculptés, dans les groupes sur les miséricordes, les 14 rampes des escaliers, les parois des quatre pyramides dont les plus hautes s'élèvent à 13 mètres ; les 122 accoudoirs comprenant au nombre de 34 diverses professions et états, au nombre de 42 des scènes de la vie privée, des caricatures, entr'autres des fous avec leurs marottes, le renard prêchant à des poules, des musiciens, des guerriers, des monstres, etc. Sur les 62 pendentifs, sont des allégories de Vices, en opposition avec des Vertus ; enfin on peut encore compter dans ces stalles 3,650 figures, quoiqu'on en ait supprimé 8 pour élargir la porte d'entrée du chœur et 2 pour opérer un dégagement du côté du sanctuaire, et qu'en 1859 plus de 40 statuettes aient été volées dans une seule nuit.

Toute cette riche menuiserie a été faite en bois de chêne et châtaignier, tiré des forêts de Hez, près Clermont en Beauvaisis, de Neuville en Hainaut, et en beau chêne de Hollande. Il n'est entré dans l'assemblage de toutes les pièces de ce chef-d'œuvre ni clous ni chevilles, on n'y remarque que des tenons et des mortaises emboîtées à la colle.

Le seul guide pour l'étude complète de ces chefs-d'œuvre est la *Description des stalles de la Cathédrale d'Amiens*, publiée en 1843, par MM. Jourdain et Duval, chanoines de Notre-Dame.

Le chœur est séparé du sanctuaire par une balustrade dont les colonnettes sont en cuivre doré et les autres parties en marbre blanc. Le pavé se compose d'une grande rose entourée d'entrelacs ; le marbre du Languedoc y domine. Aux quatre premiers piliers sont adossés les médaillons des quatre évangélistes avec leurs attributs, et plus loin sont des anges portant des torchères.

Le maître-autel, disposé à la romaine, est en bois doré sur lequel est représenté N.-S.-J.-C. au jardin des Oliviers, il a été béni et consacré par Mgr d'Orléans de La Motte, le 22 mars 1755. Il est long et bas, de forme ventrue et nullement en rapport avec le style de l'édifice ; il en est même de la Gloire qui n'offre de digne d'éloges que les statues du bas qui représentent la Ste-Vierge et St-Jean-Baptiste. Ces sculptures, qui sont néanmoins assez bonnes, sont l'œuvre de Dupuis. L'enlèvement de cette cloison inopportune rallongerait la Cathédrale de 22 mètres.

Le chœur est éclairé par quinze grandes fenêtres et par plusieurs autres dans l'intérieur de la galerie.

L'abside du rond-point du chœur est disposé et hexagone, au lieu d'être en hémicycle comme la plupart de celles du commencement du treizième siècle.

Au-dessus de l'autel de retro est placée une châsse en argent, de style byzantin, renfermant les reliques de St-Firmin, martyr, apôtre de la Picardie et premier évêque d'Amiens.

La suspension eucharistique est trop mesquine et peu digne d'une église aussi considérable.

De grands événements ont illustré la basilique d'Amiens. En 1263, St-Louis y prononça une sentence arbitrale en faveur de Henri III, roi d'Angleterre, contre ses barons ; en 1529, Edouard III, roi d'Angleterre, y prêta hommage à Philippe VI de Valois, roi de Fra~~ pour la Guyenne, en présence des rois de B~~ ~~ce, ~~ême, de

4

Navarre, de Majorque, et des ducs de Bourgogne, de Bourbon et de Lorraine; en 1385, Charles VI y épousa, sous les cloches, la trop célèbre Isabeau de Bavière; en 1550, Henri II, roi de France, et Edouard VI, roi de Bavière, y signèrent la paix; en 1597, Henri IV vint y rendre à Dieu de solennelles actions de grâces en reconnaissance de la reprise d'Amiens sur les Espagnols.

Beaucoup d'autres souverains, lors de leur séjour ou de leur passage à Amiens, visitèrent la Cathédrale, entr'autres Charles VII, Louis XI, Charles VIII et la reine Anne de Bretagne, Louis XII, François Ier, Charles IX, Louis XIII, Louis XIV, Jacques II, roi d'Angleterre, le czar Paul Ier, Napoléon Ier, Louis XVIII, Charles X; Napoléon III et l'Impératrice Eugénie y vinrent, en 1854, inaugurer la chapelle de Ste-Theudosie, à laquelle il firent un don considérable.

La Cathédrale d'Amiens n'appartient pas exclusivement à la ville et au diocèse de ce nom, quoi qu'ils aient contribué pour la plus grande part à son édification et à son embellissement; elle est également la propriété des nations qui ont le bonheur d'être éclairées des lumières de la vraie foi; belle entre les plus belles églises du monde, elle doit être entretenue, restaurée, embellie par la grande famille chrétienne dont elle est à la fois la gloire et l'expression la plus vraie des sentiments religieux.

Logis-du-Roi.

Voici maintenant l'ancienne rue des Fossés, aujour-
d'hui rue des Trois-Cailloux. Sous son premier nom,
elle était fermée, au XIIIe siècle, par la porte Saint-
Denis dont le pont-levis s'abaissait sur un fossé servant
d'égout ; en 1482, le pont-levis fut supprimé et la porte
ne lui survécut pas longtemps. En 1517, François Ier,
étant venu à Amiens, forma le projet de passer chaque
année quelque temps dans cette ville ; il fit acheter, en
conséquence, l'hôtel des Trois-Cailloux qui donna son
nom à la rue, et, sur cet emplacement, il fit construire
le *Logis-du-Roi*. C'était un château bâti en briques et
en pierres, entouré d'un mur crénelé, flanqué de tourelles aux angles et fermé par une porte à pont-levis ;
mais bientôt survint la bataille de Pavie qui fit oublier
au roi ses projets et abandonner la décoration magnifique qui devait orner les appartements. Le *Logis-du-
Roi* devint alors la demeure des gouverneurs de la
province, et aujourd'hui ce n'est plus qu'un étroit
passage occupé par des cafés et un établissement de
bains. On n'y remarque plus qu'une haute tour qui
servait de beffroi et d'horloge.

Théâtre.

A quelques pas de là nous rencontrons le théâtre,
édifice moderne construit, dans les années 1778 et
1779, pour la somme de 180,000 livres. Il fut ouvert

le **21** janvier **1780** par une comédie (Sydney) de Gresset, mort trois ans auparavant. La distribution intérieure en est bonne et la façade élégante. Les jours de représentation sont les dimanche, lundi et jeudi de chaque semaine.

Pour être strictement juste, il faudrait citer presque tous les magasins de cette rue, la plus brillante et la plus animée de la cité ; elle est pour Amiens ce que la rue Vivienne est pour Paris. On y admire les étalages splendides des marchands de nouveautés, de vêtements confectionnés, de chapellerie, de produits gastronomiques aussi variés qu'excellents. Ceux qui préfèrent aux jouissances matérielles les plaisirs de l'esprit, peuvent satisfaire leurs goûts distingués chez **M.** Alfred Caron, au nº 54 ; ils y trouveront à la fois imprimerie, librairie, salons de lecture, magasins d'objets curieux et précieux, tels qu'on en rencontre dans ceux de Susse, à Paris, place de la Bourse. Ceux qui aiment à flaner ou à converser philosophiquement, peuvent se livrer à ce doux passe-temps dans les jolis passages de la Renaissance et du Commerce. L'ornementation du premier, exécutée presque entièrement en fonte, reproduit avec fidélité le style de l'époque qui rappelle sa dénomination. Ce passage serait même remarquable à Paris, surtout par l'élégance de sa construction, sa rotonde et ses deux façades d'entrée et de sortie.

La Gendarmerie.

Après avoir traversé le passage du Commerce, on se trouve dans la rue des Jacobins, en face de l'Hôtel de la Gendarmerie, construit récemment par M. Herbault, architecte. Cette construction, en pierres et en briques, est imposante. On y remarque la voûte plate qui est sous la grande porte, les écuries, les trophées d'armes et le tympan du fronton central sculptés par M. Duthoit, d'Amiens. Sur ce fronton est représentée l'allégorie de la Force dirigée par la Justice.

Place Périgord.

Ne quittons pas la rue des Trois-Cailloux, sans avoir examiné la Halle aux Grains, construite en 1782. Cet édifice, en pierres et en briques, serait convenable s'il était plus dégagé. Il est fâcheux qu'on n'ait pu l'établir, comme on en avait eu le projet, sur le côté méridional de la place Périgord. On sera obligé, à cause de son mauvais emplacement, de la transporter prochainement ailleurs. La rue des Jacobins est parallèle à la rue des Trois-Cailloux qui vient finir sur la place Périgord. Quant à cette place, elle fut construite en 1781, et c'est la fille du duc de Talleyrand de *Périgord*, duchesse de Mailly, qui en posa la première pierre. Il est à regretter que le plan qui en avait été fait n'ait pu être exécuté ; il présentait un ovale parfait, et un obélisque en marbre, de 15 mètres de hauteur, au bas duquel auraient coulé quatre fontaines, devait être placé au milieu. Les maisons qui font face aux rues des Vergeaux et des Rabuissons indiquent un commencement d'exécution de ce beau projet.

4.

Hôtel de la Préfecture.
Musée Napoléon.

Au nombre des six rues qui viennent aboutir à la place Périgord, nous trouvons la rue des Rabuissons. Avant 1823, on y voyait le couvent de la Visitation, dite des Saintes-Maries, refuge des femmes *infirmes, aveug'es et contrefaites*. Les rues des Rabuissons et de Napoléon sont reliées par celle qui s'élève sur les démolitions de cet ancien couvent. En se dirigeant vers le boulevard, on rencontre l'hôtel de la Préfecture, construit en 1761 ; le Musée Napoléon, sur l'emplacement de l'ancien arsenal, et qui sera, une fois terminé, un des monuments les plus distingués de la ville ; la maison des *Feuillants*, remarquable par ses cloîtres voutés, et renfermant les archives du département, et enfin la Bibliothèque communale, construite en 1823 sur l'emplacement du couvent des Dames de Moreaucourt.

Bibliothèque.

Cet édifice, qui a coûté environ 150 000 fr. et peut contenir 50,000 volumes, a été dessiné d'après le choix des édifices les plus remarquables construits en France dans le XIXe siècle.

Un parterre avec deux terrasses parallèles et une grille terminée par deux pavillons la séparent de la rue.

MUSÉE NAPOLÉON

Lith. J. Renaud, Amiens

Le portique présente une colonnade d'ordre dorique sur l'entablement de laquelle on lit : *Bibliothèque communale.* A droite et à gauche sont deux ailes : l'une est le logement du conservateur ; dans l'autre on a établi, au rez-de-chaussée, la salle de lecture pour l'hiver, et à l'étage supérieur le cabinet de physique.

Sous le portique, dans la façade et les entre-colonnements, dix niches attendent les bustes des grands hommes qui ont illustré la ville. En imitant ce qu'a fait Paris pour les statues qui décorent l'Hôtel-de-Ville, et en ramenant la dépense à de modestes proportions, on nous permettrait de rendre bientôt un hommage public à des concitoyens tels que Fernel, Riolan, Voiture, de La Morlière, Du Cange, Dom Bouquet, Gresset, Delambre, Daire et Dewailly.

Une porte décorée de palmettes et d'une couronne de lauriers donne entrée à une galerie de 40 mètres de long sur 6 de large, divisée en trois parties par deux arcades portées chacune sur deux colonnes d'ordre ionique. La porte du milieu est carrée et terminée en face la porte par un hémicycle où se trouvent les deux escaliers qui conduisent à la galerie intérieure, laquelle tourne autour de la salle et en partage la hauteur en deux parties.

Cet hémicycle est décoré par une statue en marbre blanc du poète Gresset, né à Amiens ; elle a été exécutée par M. Forceville, amateur distingué de cette ville.

Outre la statue de Gresset, dont nous venons de parler, on y remarque le portrait de cet écrivain ; deux bustes en plâtre, l'un de Voiture, l'autre de Nicolas

Sanson, géographe d'Abbeville ; un buste en marbre de Delambre, œuvre et don de M. Forceville, et aussi un buste colossal de Blasset, dû au ciseau du même artiste et appartenant à la Société des Antiquaires de Picardie à laquelle l'auteur en a fait présent. Deux vitrines et une armoire appartenant à la même Société contiennent une collection d'antiques d'un très haut intérêt.

La Bibliothèque contient 572 manuscrits dont le catalogue a été publié en 1845 par M. J. Garnier. Nous citerons parmi les plus remarquables un Psautier du IXe siècle, n° 19 ; les figures de la Bible, n° 108, recueil de plus de 2,000 sujets tirés de l'ancien et du nouveau Testament, exécuté en 1197, pour Sanche VII, roi de Navarre ; plusieurs bibles et de beaux missels du XIIe et du XIIIe siècle, aussi curieux pour la calligraphie que pour les dessins qui les décorent ; un Commentaire inédit de saint Ambroise sur les épitres de saint Paul, n° 88 ; un Ordinaire d'Amiens du XIIIe siècle ; les décrets de Gratien, n°s 353, 355 ; les Commentaires de Bohie, où l'on trouve la mention détaillée des prix qu'ils coûtèrent à l'official de Corbie, Etienne de Conty qui les fit écrire en 1374. Le livre des propriétés des choses de Glanville, écrit en 1447, par Sauderat d'Ancre (Albert) ; un Commentaire inédit de Roger Bacon sur la physique d'Aristote ; la traduction de l'histoire des croisades de Guillaume de Tyr, par Hugues Plagon, ornée de nombreuses et riches miniatures. Le premier livre de la Chronique de Froissart, qu'ont fait connaître plusieurs extraits publiés par MM. Rigollot et de Cayrol ; la célèbre bulle sur papyrus

de Benoist III, en faveur de l'Abbaye de Corbie ;
un dénombrement fourni en 1301 à la Chambre des
Comptes par l'évêque d'Amiens, Guillaume de Mâcon,
etc., etc. Les manuscrits ont été presque tous reliés
avec une générosité sans exemple, par M. Leprince
aîné, qui s'est acquitté de ce travail avec un soin qui
allait jusqu'au scrupule.

Comme la plupart des bibliothèques publiques, celle
d'Amiens fut formée des dépouilles enlevées aux maisons religieuses et aux émigrés ; mais la plupart des
livres qui provenaient de ces derniers ont été réclamés
par eux en 1816, et leur ont été rendus. Corbie, Saint-
Fuscien, Saint-Acheul, Saint-Martin-aux-Jumeaux,
les Carmes, les Augustins, l'Oratoire, le Séminaire et
le Chapitre ont fourni la plus grande part de cette
collection qui s'accroît tous les ans, au moyen d'une
allocation de 3,000 fr. votée par le Conseil municipal
et des dons du gouvernement.

Les imprimés forment près de 50,000 volumes d'ouvrages sur les différentes branches des connaissances
humaines. Les bibliophiles y trouveront un grand
nombre de livres imprimés au XVe siècle ; le plus
ancien est le *Rationale divinorum officiorum* de Durand,
imprimé à Mayence par Jean Fust, en 1450. Cet
exemplaire, fort rare, est sur vélin, avec les initiales
manuscrites et enluminées. Mentionnons aussi un beau
Missel d'Amiens sur vélin, imprimé à Rouen en 1509.

La Bibliothèque possède les grandes collections des
classiques latins de Lemaire, de Panckouke, des mémoires de Petitot, Guizot, Michaud et Poujoulat,
Cimber et Danjou ; les mémoires des diverses classes de

l'Institut ; le grand ouvrage sur l'Egypte, etc., etc. Une commission administrative règle l'emploi des fonds et choisit les ouvrages que l'on acquiert chaque année.

En 1842, un legs de M. Cozette, de plus de 5,000 volumes enrichit la Bibliothèque. La ville, à laquelle il légua en même temps 260,000 fr. pour la fondation d'une maison de secours, fit placer son buste dans la petite salle où est rangée sa bibliothèque.

La Bibliothèque est ouverte, *tous les jours,* le dimanche excepté, de onze heures à quatre heures, et, *tous les soirs,* de six heures à dix heures, *depuis le mois d'octobre jusqu'au mois de mai.*

A côté de la Bibliothèque, on remarque l'Ecole des Frères qui possède une jolie chapelle gothique

Au bout de la rue de la Bibliothèque, on aperçoit une grande et belle chapelle, construite tout en briques, dans le style ogival du XIIIe siècle ; elle fait partie du Collége de la Providence, fondé en 1851 par les R. P. Jésuites.

Hôpital Saint-Charles.

En face s'étendent les vastes constructions de l'hôpital général de Saint-Charles, fondé, en 1640, par Antoine Louvel, curé de Saint-Remy. La chapelle, élevée en 1708, est assez belle : on y remarque au maître-autel un groupe représentant l'Assomption et dû à Crescent, habile sculpteur d'Amiens. L'hôpital est desservi par les religieuses de Saint-Vincent-de-Paul ; il contient 400 lits pour les vieillards, les orphelins et les enfants trouvés.

Bientôt sera terminé, sur une partie du terrain des jardins de Saint-Charles, du côté de la rue de Narine, l'Hospice des Incurables, fondé, en 1820, dans la grande rue de Beauvais, par MM. Duminy, curé de Notre-Dame, et Léraillé, curé de Saint Remy ; les travaux de cette nouvelle construction sont dirigés par M. Pinsart, architecte des Hospices d'Amiens.

Eglise Saint-Remy.

En revenant sur nos pas, nous trouvons presque à l'extrémité de la rue des Rabuissons, l'église St-Remy, qui appartenait autrefois au couvent des Cordeliers.

Brûlée en 1558, elle fut rebâtie par les Navarrais de Charles-le-Mauvais. Elle n'a qu'un bas-côté à droite, et ne présente de remarquable que le tombeau de Nicolas de Lannoy, connétable héréditaire du Boulonnais et gouverneur du comté d'Eu, et de Madeleine Maturel, son épouse. Il fut exécuté en 1632 par le sculpteur Blasset. Ce monument, de marbre blanc, noir et jaspé, égale en magnificence ceux de nos rois.

Il se compose d'un grand soubassement quadrangulaire, adossé contre le mur. Dans la niche pratiquée au-dessous, sont couchées à côté l'une de l'autre les statues nues des deux époux, en marbre blanc et de grandeur naturelle. Celle de la femme est très bien conservée ; l'autre a les pieds brisés. Une tête d'ange, en marbre blanc, paraît soutenir cette niche au fond de laquelle on aperçoit un bas-relief représentant la résurrection de Lazare.

Sur les côtés du tombeau sont représentées, en marbre blanc, *la Tempérance, la Justice, la Force, la Prudence* avec leurs attributs. Au-dessus de ces allégories sont gravées sur des tablettes noires quatre inscriptions latines, composées chacune de trois distiques dont le texte général est la mort, sans un seul mot qui désigne les personnages ou quelque circonstance de leur vie.

Sur la plinthe, reparaissent, en costume de l'époque, à genoux sur des coussins, la face tournée vers l'autel, le comte et la comtesse. Au milieu, un ange, debout, tient de la main droite une trompette renversée, et de l'autre l'écu des Lannoy, échiqueté d'or et d'azur de 25 pièces.

Le revêtement du mur contre lequel s'appuie le mausolée est divisé en trois compartiments par quatre colonnes qui soutiennent la frise. Au centre est un médaillon représentant la résurrection ; à droite, les armes du défunt ; à gauche, celles de son épouse.

Le couronnement est surmonté d'un écu aux armes des Lannoy, soutenu par deux lions. Il ne reste plus que les épées du trophée d'armes qui était au-dessous. Il est à regretter qu'on ait démoli la façade et la tour de l'ancienne paroisse de Saint-Remy : c'était un beau spécimen du style ogival flamboyant.

En face de la rue des Rabuissons s'ouvrent, sur la place Périgord, deux rues, celle des Sergents où les Romains avaient fait construire un châtelet pour contenir le peuple d'Amiens toujours prêt à secouer la domination étrangère, puis la rue des Vergeaux. Dans les titres de la ville elle s'appelle rue du *Verger*, à cause d'une vaste esplanade vers laquelle elle se dirigeait et où, selon quelques manuscrits, le chef franc Mérovée fut élevé sur le pavois ou bouclier. Regardons, en passant, la maison nos 61 et 63, couverte de sculptures en style de la renaissance.

Nous ne suivrons pas cette rue jusqu'au bout. Mais en nous engageant, à gauche, dans une rue étroite, nous arriverons sur la place de l'Hôtel-de-Ville.

Hôtel-de-Ville.

La première pierre de l'Hôtel-de-Ville fut posée en 1600, et ce n'est qu'en 1700 qu'il fut achevé ; le plan trop vaste qu'on avait fait subit de grandes modifications. Quoi qu'il en soit, cet édifice, d'un aspect sévère, présente une façade de 68 mètres de longueur ; des arcades feintes ornent le rez-de-chaussée occupé par les bureaux. A l'étage supérieur sont les archives, le tribunal de commerce, la grande salle du conseil et la galerie ; on y remarque plusieurs tableaux de prix envoyés par le gouvernement lors du Congrès d'Amiens. Ces toiles sont signées Renaud, Carle Vanloo, Vien, Boucher, etc , etc.

Sur l'emplacement de la halle foraine on construit une aile et un pavillon qui, lorsqu'ils auront leur parallèle, constitueront à Amiens un palais municipal en rapport avec l'importance de cette cité. Près de là se trouve le Musée des plâtres créé, en 1828, dans la grande salle du bailliage, ancienne Malmaison. On y voit plusieurs copies de morceaux remarquables, tels que l'Antinoüs, le Tireur d'épines, la Vénus de Médicis et l'Apollon du Belvédère ; le groupe de Laocoon, le Germanicus et l'Hermaphrodite Borghèse ; les bas-reliefs du Parthénon ; les bustes de Néron, de Titus, de Platon, de Démosthènes, de Minerve et de Carnéades.

Beffroi.

Enfin, vis-à-vis de l'Hôtel-de-Ville, se dresse le Beffroi. Sa forme était autrefois pyramidale ; il devint la proie des flammes à diverses époques et n'a conservé de sa construction primitive que la tour quadrangulaire qui en forme la base. Lorsqu'il fut dévoré par l'incendie en 1562, le guichetier, n'ayant pu descendre de sa lanterne, supplia le peuple rassemblé de lui tirer un coup de mousquet, et ce triste service lui fut rendu, après qu'il eut recommandé son âme à Dieu. La flèche de cet édifice ayant encore été brûlée le 16 avril 1742, on la remplaça, en 1748, par le clocher qui existe aujourd'hui. Ce clocher est moins haut de dix mètres que l'ancien ; il est terminé par un dôme en charpente, surmonté d'une lanterne au-dessus de laquelle se tient une renommée debout, trompette en main et les ailes déployées.

La tour du Beffroi renferme trois étages voûtés ; on s'en est toujours servi comme d'une prison civile. Le guetteur veille jour et nuit au haut de l'édifice. La grosse cloche pèse onze mille kilogrammes et son battant trois cent quinze. L'horloge, exécutée par Mauvoisin, d'Abbeville, sur les dessins de Julien Leroi, passe pour un chef-d'œuvre de mécanique.

C'est sur la place de l'Hôtel-de-Ville que fut exécuté, en 1641, François de Jussac d'Ambleville, sieur de Saint-Preuil, gouverneur d'Arras, accusé d'avoir violé la capitulation de Bapaume dont il avait attaqué la garnison espagnole par méprise.

Quittons la place de l'Hôtel-de-Ville en traversant la rue des Verts-Aulnois; nous entrerons d'abord dans la rue Delambre qui rivalise sous tous les rapports avec celle des Trois-Cailloux. Avant d'avoir pris le nom du célèbre astronome qui y est né, elle s'appelait rue de la *Viéscrie*.

Gresset, le charmant auteur de *Vert-Vert*, donna son nom à la rue qui réunit presque à leur origine les deux grandes rues de Beauvais et de Saint-Jacques. Avant d'arriver à cette dernière, on trouvera la place Saint-Firmin qui est grande et bien bâtie.

Lycée Impérial.

C'est à l'extrémité de la rue Saint-Jacques que se trouve le Lycée impérial dont la principale entrée est au nº 32 de la rue des Lirots. Les bâtiments vastes et bien aérés composaient autrefois l'ancienne abbaye de Saint-Jean, ordre des Prémontrés. Le réfectoire et la chapelle sont fort remarquables et deux vastes jardins bien disposés s'ouvrent aux élèves pour leurs récréations.

Caserne Cérisi.

Une belle caserne pour la cavalerie se présente aux regards dans cette rue; elle fut construite, en 1767, sur l'emplacement de l'ancien hôtel Cérisi dont elle a conservé le nom. Les bâtiments forment un carré long divisé en six corps d'écuries qui s'ouvrent sur trois cours successives. La façade se compose d'un imposant corps-de-logis en pierres de taille, et au-delà des écuries est un vaste terrain qui aboutit à la rue des Corroyers et qui est assez vaste pour que le régiment puisse s'y déployer tout entier.

Eglise St-Jacques.

Dans la rue Saint-Jacques, on voit l'église de ce nom rebâtie en 1835, en style gréco-romain; la partie qui a été incendiée en août 1857 vient d'être reconstruite

En prenant la rue de Condé, on se trouve en face de l'ancien hôtel de Montceaux, bâti en 1493. Il appartient à la famille Morgan; ses deux tourelles en cul de lampe lui donnent un aspect pittoresque.

Château-d'Eau.

En descendant vers la Somme, on parvient au port d'Aval; on y remarque le Château-d'Eau, bâti en 1781, pour y loger la machine hydraulique qui faisait arriver dans les fontaines publiques l'eau de la fontaine des Frères. Aujourd'hui cet édifice est affecté au logement et aux bureaux de l'architecte de la ville, et la machine hydraulique est transportée sur le pont Saint-Michel.

Ce pont a été reconstruit en 1844. Il a 45 mètres de longueur sur 8, d'une tête à l'autre; les deux arches ont chacune 11 mètres d'ouverture et 1 mètre 60 centimètres de flèche.

Jardin-des-Plantes.

Au bout du boulevard qui suit ce pont, se trouve le Jardin des Plantes, abandonné à la ville en 1751, afin que l'Académie pût y établir un cours de botanique. Ce jardin est divisé en deux parties : dans la première, sont les serres, l'amphithéâtre pour le cours, le musée d'histoire naturelle et le jardin botanique proprement dit, qui est divisé en plates-bandes dans lesquelles les plantes sont rangées par familles, selon la méthode naturelle de Jussieu, et désignées par des étiquettes peintes sur verre ou sur fer blanc. Dans la seconde partie est l'école des arbres fruitiers; entre ces deux parties, et longeant la rivière, existe une allée de tilleuls qui forme une promenade fort agréable.

Le musée d'histoire naturelle fut reconstitué en 1840;

5.

il s'enrichit de beaucoup de dons particuliers, entr'autres de ceux de Mme la comtesse d'Auberville. M. Pauquy, professeur de botanique, lui a légué son bel herbier.

Eglise St-Germain.

En repassant le pont Saint-Michel, et en remontant dans la ville par les places du marché au feurre et de Lanselles, nous nous trouvons, en faisant un coude à droite, devant l'église Saint-Germain-l'Ecossais, qui attire l'attention des amateurs, même après qu'ils ont visité la cathédrale. Elle a été élevée vers le milieu du XVe siècle, dans le style ogival flamboyant en usage à cette époque, et rallongée en 1477 et en 1486 ; elle est actuellement en voie d'une restauration complète très soignée, exécutée aux frais du conseil municipal et de la paroisse. On a réparé la façade principale ; on exécute le ravalement des piliers et des voûtes de l'intérieur, la restauration de l'orgue, et M. Thomas Morgan a fait don de la chapelle de la Sainte-Vierge, sculptée en pierres par M. Duthoit, d'après les dessins de M. Viollet-Leduc, architecte du gouvernement. Il faut examiner dans cette église les portails et les portes sculptées en bois, les balustrades au bas des combles, les nervures élégantes des fenêtres et la belle architecture de l'intérieur.

En revenant sur nos pas, et en débouchant la rue des Orfèvres, nous entrerons dans la plus grande artère de la ville, à laquelle aboutissent une foule de petites rues traversées par de nombreux canaux : là, la ville change d'aspect et subit une complète métamorphose. Ne cherchez plus la régularité des bâtiments, la propreté et le confortable des maisons. L'industrie y règne en despote; elle s'est emparée du fleuve et l'a coupé, divisé, éparpillé, multiplié ; elle le jette sur les roues des usines, le fait servir à tous ses besoins sans cesse renaissants et nuance ses flots de mille teintures diverses.

Les maisons n'abritent que des ouvriers ou des spéculateurs; on s'en sert, on n'en jouit pas. Les rues sont assez larges pour qu'une charrette puisse y passer; des ponts en bois joignent quelque fois une rue à l'autre, et permettent à l'industriel d'économiser ce capital précieux, le Temps!

Louis XI qui aimait Amiens l'appelait sa petite Venise, à cause de tous ces canaux qui circulent dans son sein. Une compagnie se formera, espère-t-on, pour percer une large rue qui séparera la ville basse de la ville haute, en faisant communiquer les ports d'Amont et d'Aval de la Somme.

Eglise St.-Leu.

Vers le milieu de la rue Saint-Leu, est l'église de ce nom, paroisse de la basse ville d'Amiens. Elle fut agrandie en 1481 ; un siècle après, le clocher situé sur le chœur fut renversé par un ouragan, le jour de Pâques, et causa la mort de 68 personnes. On le reconstruisit à l'entrée de l'édifice. Cette tour produit un bon effet : on la restaure en même temps que toute l'église. A l'intérieur, on remarque une tribune sculptée dans le style riche de la renaissance.

Hôtel-Dieu.

Un peu plus bas que l'église paroissiale se voit l'Hôtel-Dieu, sous l'invocation de Saint-Jean-Baptiste, et connu dès l'an 1100. Il a été transféré en 1236 de la rue du

ÉGLISE S^T LEU À AMIENS.

Hocquet à la place qu'il occupe aujourd'hui. Les bâtiments, déjà très vastes, ont été augmentés récemment; sur la façade on distingue trois genres d'architecture : la salle des femmes, construite en 1520, des libéralités de l'évêque François de Halleux et d'Adrien de Hénencourt, doyen du chapitre de Notre-Dame; la chapelle, bâtie en 1790 en ordre dorique classique, et la porte exécutée à la fin du XIIe siècle.

Cet hôpital, très-bien tenu, est desservi par des religieuses de l'ordre de Saint-Vincent-de-Paul. Il sert en même temps de siége à l'Ecole secondaire de médecine et de pharmacie.

Après avoir parcouru les rues de Saint-Leu et de Saint-Pierre, on arrive dans le faubourg du même nom, dont la ville fait reconstruire l'église paroissiale. Cet édifice, à peu près terminé, sera remarquable par la pureté de son style ogival ainsi que par la hardiesse et la légèreté de sa nef et de son clocher.

Les Boulevards et les Promenades publiques.

Sans remonter à l'origine de notre cité, nous dirons que le quatorzième siècle vit tracer autour de la ville des fossés et des fortifications qui enfermaient les faubourgs; les murs furent flanqués de tours et quatre portes y furent ouvertes, celles de Noyon, des Rabuissons, de Beauvais et de la Hotoie.

Au 17e siècle enfin des remparts, comptés au nombre des plus beaux du royaume, avaient dix mètres de large et dix-neuf mille cinq cents pas de long.

Aujourd'hui de ces travaux, de ces remparts, de ces fortifications, il ne reste rien; à leur place sont les boulevards, belle ceinture verte et fraîche dont la ville s'entoure coquettement ; le chemin de fer s'est emparé des fossés; deux haies d'arbres verdoyants ont pris la place des tristes murailles et conduisent, chaque beau jour d'été, les promeneurs vers cet admirable parc, dessiné par Lenôtre, que Marie de la Hotoie abandonna au XIVe siècle à la commune pour *égaudir la jeunesse*.

La Citadelle.

Cependant la citadelle, située à l'extrémité nord-ouest de l'enceinte extérieure, a été conservée. Elle avait été bâtie, en 1558, par ordre d'Henri IV. Le plan en fut dressé en sa présence et la direction confiée à l'ingénieur Jean Erard de Bar-le-Duc.

L'enceinte de cette forteresse forme un pantagone régulier dont les cinq bastions portaient les noms de Béarn, de Luynes, de Saint-Pol, de Chaulnes et de Navarre. Ces bastions à angles aigus donnent, avec les cinq courtines, un développement de mille six cent vingt mètres; de larges et profonds fossés, creusés en grande partie dans la pierre, portent le contour total à mille huit cent quarante mètres. On a construit, dans l'intérieur du corps de place, une caserne à l'épreuve de la bombe. On y remarque encore les restes de la porte de Montrécu, par laquelle les Espagnols surprirent Amiens en 1597; elle était décorée dans le style de la Renaissance et datait de 1531.

Les remparts aplanis et les fossés comblés ont été remplacés par douze magnifiques boulevards, savoir :

1° Le boulevard du Port, du port d'Aval de la Somme à la barrière de la Hotoie ;

2° Le boulevard Saint-Jacques, de la barrière de la Hotoie à la fontaine des Frères et au bastion de Guyen-court ;

3° Le boulevard Fontaine, de cette fontaine à la bar-rière de Beauvais ;

4° Le boulevard Saint-Charles, de cette barrière à la place Longueville, en face de la rue des Rabuissons ;

5° Le boulevard du Mail, de cette place à l'ancienne Porte-Paris ou barrière Saint-Fuscien ;

6° Le boulevard Saint-Michel, de cette barrière à celle de Noyon ;

7° Le boulevard de l'Est, de cette barrière à celle de la Voirie ;

8° Le boulevard du Cange, du pont du Cange au pont de Barabant ;

9° Le boulevard Barabant, du pont de Barabant au pont des Célestins ;

10° Le boulevard des Célestins, du pont des Céles-tins à la Citadelle ;

11° Le boulevard Saint-Sulpice, de la Citadelle au pont du Maûcreux ;

12° Le boulevard du Jardin des Plantes, du pont du Maûcreux à la barrière Saint-Maurice.

Quatre boulevards extérieurs accompagnent les bou-levards intérieurs ; ce sont :

1° Le boulevard Longueville ;

2° Le boulevard de Beauvais ;

3° Le boulevard de Guyencourt ;

4° Le boulevard des Frères.

Ces boulevards constituent de très belles promenades. Ceux qui sont situés au midi sont longés par de charmants jardins anglais, plantés d'arbres de choix. On a profité du talus de l'escarpe des anciennes fortifications pour y tracer des allées sinueuses d'où l'on aperçoit le chemin de fer de Boulogne établi dans le fossé des remparts.

La Voierie est une allée plantée de saules et de peupliers, qui suit la rivière d'Avre, depuis la Barette jusqu'à la Neuville, à travers les fertiles hortillonnages de la haute Somme.

La Hotoie.

La Hotoie, à l'ouest de la ville, en opposition avec la Voierie, a été plantée au XII et XVIII° siècle, d'après les plans du célèbre Lenôtre, comme nous l'avons déjà dit. On l'a replantée, en 1826, en tilleuls et en marronniers, et suivant l'ancien plan; sa longueur est d'environ 800 mètres ; sa superficie de 19 hectares, 90 ares, 50 centiares.

En avant, dans deux triangles, sont des jeux de tamis, de ballon, de longue paume ; les deux carrés longs qui suivent, servent, celui de droite aux réjouissances publiques, celui de gauche, dit Champ-de-Mars, aux évolutions militaires. A l'extrémité, on voit un superbe bassin ovale dont le grand diamètre est de 150 mètres, et le petit de 111. Son étendue est 1 hectare, 32 ares, 75 centiares.

Le Bicêtre.

Des allées fort belles conduisent à l'hippodrome, aux villages de Renancourt et du Petit Saint-Jean. Du côté du faubourg de Hem s'étend un joli jardin, appelé la petite Hotoie. Son étendue est de quatre hectares. Aux environs de la Hotoie se trouve la maison de correction de Bicêtre bâtie en briques vers 1780. Les quatre corps de logis circonscrivent un carré flanqué aux angles de quatre pavillons ; l'intérieur renferme huit cours. La construction et la distribution de cette prison sont remar-quables.

Cimetière de la Madeleine.

Le cimetière de la *Madeleine* est situé à deux kilo-mètres de la ville, au bout du faubourg de Saint-Maurice ; on y arrive en descendant la rive droite de la Somme. Etabli en 1817, il fut agrandi dix ans plus tard. Cet enclos funèbre ne présente aux yeux des visiteurs que des images agréables ; ce ne sont partout que des fleurs, des arbustes élégants, des massifs de verdure ; partout le luxe d'une végétation fraîche et embaumée.

Un sentier conduit à la chapelle où repose Mgr de Man-dolx, évêque d'Amiens, et à la demeure du prêtre chargé des inhumations. De là on gagne le *Champ des Tom-beaux*. Plusieurs monuments funèbres sont dignes d'être remarqués.

6

NOTES BIOGRAPHIQUES.

4e siècle après J.-C.

Sᵗ. FIRMIN LE CONFESSEUR, troisième évêque d'Amiens, y naquit en 322, de Faustinien, l'un des magistrats de la ville, converti à la foi par saint Firmin le Martyr. Il établit le siége épiscopal à Saint-Acheul, gouverna saintement son église pendant quarante années, et mourut vers 407.

5e siècle.

CHILDÉRIC Iᵉʳ, Plusieurs auteurs l'ont fait naitre à Amiens, l'an 436. Il succéda en 457 à son père Mérovée. Amiens était alors le siége de la nouvelle monarchie des *Franks*. Il mourut (481) au retour d'une expédition contre les Allemands.

11e siècle

PIERRE L'ERMITE. Il naquit, en 1048, d'une noble famille d'Amiens, prit d'abord le parti des armes et épousa Béatrix de Roussy. Veuf au bout de trois ans d'union, il résolut d'embrasser la vie monastique et de visiter les Saints-Lieux. L'état déplorable des chrétiens de la Palestine le toucha vivement ; il fit un appel à la chrétienté contre les *infidèles*, et prêcha la *première croisade* en 1095. Avec son bâton de pèlerin, il alla conquérir la Terre-Sainte, à la tête des masses d'hommes et des nombreux chevaliers de toute nation qu'il avait entraînés sur ses pas, au cri magique alors de : *Dieu le veut !* Couronné, suivant l'expression du P. Daire, de quelques lauriers mêlés de cyprès, il mourut le le 9 juillet 1115, à 62 ans.

M. Forceville est l'auteur de la statue en bronze qu'on a récemment élevée sur la place St.-Michel, derrière la cathédrale.

RORICON, né, dit-on, à Amiens, dans le XIe siècle, est auteur d'une chronique sur l'histoire de la Monarchie française jusqu'à la mort de Clovis, imprimée dans le tome III du Recueil des historiens de France, par D. Bouquet.

12e SIÈCLE.

HUGUES D'AMIENS, un des plus savants hommes de son siècle, promu en 1130 à l'archevêché de Rouen, fut l'ami de saint Bernard, de l'abbé Suger, etc. ; il mourut en 1164.

ST. FÉLIX DE VALOIS, né à Amiens en 1127, fonda, avec saint Jean de Matha, gentilhomme provençal, l'ordre religieux de la Trinité, pour la délivrance des chrétiens captifs chez les infidèles. Il mourut en 1212, chargé d'années et de vertus, dans la solitude de Gerfroi.

ALBERT, instituteur de la règle des Carmes, né à Amiens dans le XIIe siècle, fut d'abord prieur-général du monastère de Sainte-Croix de Mortarc, puis évêque de Bobio pendant vingt ans. Son éloquence et la sainteté de sa vie le firent élever à la dignité de *Patriarche de Jérusalem*. Il avait établi sa résidence à Acre, lorsqu'il y fut assassiné en 1214, au milieu d'une procession.

THIBAULT D'AMIENS, d'une extrême rigidité sur l'observance de la discipline ecclésiastique, parvint en 1222 au siége archiéposcal de Rouen. Il mourut en 1229.

ARNOULT, quarante-septième évêque d'Amiens, naquit en cette ville à la fin du XII siècle, comme le précédent. Il parvint, en 1236, au pontificat, et s'est rendu célèbre par sa sentence contre le bailly Geoffroy de Milly, qui avait fait pendre, sans forme de procès, cinq clercs ou écoliers, et principalement par les constructions importantes exécutées pendant son épiscopat. Il mourut en 1247.

13e SIÈCLE.

EUSTACHE D'AMIENS, né en 1203, composa un assez grand nombre de poésies dont la licence et l'enjouement constituent le principal caractère.

GIRARDIN D'AMIENS, naquit en 1219. Suivant l'usage de l'époque, il proposait aux *Troubadours* ou *Trouvères*, ses collègues, des questions de galanterie et répondait avec facilité à toutes celles qu'on lui soumettait.

RICHARD DE FOURNIVAL, né dans notre ville écrivait en 1240. Ses ouvrages les plus importants son

6.

le *Roman d'Abladène*, sur l'origine d'Amiens et les *Commandements d'Amours*.

HUE-LI-MARONNIERS, autre trouvère, en vogue dans le même siècle, vivait en 1270. On le désignait sous le nom du Marinier d'Amiens, probablement à cause de sa profession.

14ᵉ SIÈCLE.

FIRMIN DE COQUEREL, né à Amiens, d'une noble famille, évêque de Noyon (1348), chancelier de France sous Philippe VI, mourut en 1350. Ses armes parlantes se voient au milieu de la rose du grand portail de la cathédrale.

JEAN LE JEUNE ou LE JOSNE, soixante-unième évêque d'Amiens, y naquit en 1411, de Robert, septième bailli de cette ville; il fut élevé au siége épiscopal d'Amiens, en 1433, transféré à celui de Thérouanne en 1436, nommé cardinal en 1439, et mourut à Rome en 1451. C'était, à en croire le P. Daire, le plus riche cardinal de son temps.

15ᵉ SIÈCLE.

BERTAULD (Jean), né vers 1414, mort en 1472, entra dans l'ordre des Célestins à l'âge de 16 ans. Prieur du monastère de Collemade près d'Aquilée en Italie, il rétablit la discipline dans la plupart des maisons de cette contrée devenue dès lors pour lui une seconde patrie. A la mort de l'abbé général de l'ordre, il fut nommé pour lui succéder. Il sut mériter l'estime et la bienveillance des princes italiens, qui plusieurs fois le députèrent vers le roi de Sicile René d'Anjou, et vers les rois de France Charles VII et Louis XI.

PHILIPPE DE MORVILLIER, né à Amiens, ancien premier président du Parlement de Paris. Forcé en 1432, par les Anglais, maîtres de Paris, de renoncer à ses fonctions, il se retira dans sa patrie, et mourut en 1437. Il est auteur d'un ouvrage resté manuscrit, sur le *Gouvernement des choses publiques et économiques*, dédié à sa ville natale.

CATHERINE DE LICE. C'est notre *Jeanne Hachette*. Elle sauva la ville d'une surprise, au moment où (1494) les soldats de l'empereur Maximilien escaladaient déjà les murailles du côté du faubourg Saint-Pierre. S'avançant jusque dans les fossés, *Catherine de Lice* donna l'éveil à la sentinelle, en lui criant en patois picard : *Eh ! quel, prein garde à ti !* On parut en force sur les remparts et les Autrichiens furent repoussés.

JEAN DESTRÉEZ, auteur d'un grand nombre de *Jeux poétiques* ou espèces de comédies connues sous le nom d'*Épîtres farcies*, écrivait en 1472.

DUBOIS (Jacques) DEL BOË ou SYLVIUS (1), né à Amiens en 1478, mort à Paris en 1555. Les leçons données par ce célèbre médecin au collège de Cornouailles, attiraient un nombreux auditoire. Malheureusement on lui reproche d'avoir été aussi avare que savant.

DROUIN (Jean), a traduit l'*Histoire des trois Maries*, 1511, et la *Grant Nef des Folles,* « selon les cinq sens

---

(1) C'était l'usage alors de latiniser tous les noms propres.

» de nature, composée selon l'Évangile de Monseigneur
» S. Mathieu, des cinq vierges qui ne prindrent point
» *d'uylle* avec elles pour mettre en leurs lampes, avec
» plusieurs additions ajoutées par le traducteur, 1583. »
On y voit figurer la Mère du genre humain qui convient
avoir été *la première et la plus grande* des Folles :

> « Ce fut, *dit-el'e*, quant la pomme je veiz,
> » Dont je mengé, qui cher nous couste.
> » Je puis dire, à mon advis,
> » Tel a beaux yeulx, qui ne voit goutte. »

16ᵉ SIÈCLE.

BAUHIN (Jean), né en 150?, cultiva avec distinction
l'art d'Hippocrate et fut le médecin de la reine Catherine
de Navarre. Ayant embrassé le calvinisme, il se vit forcé
de passer en Allemagne, puis en Suisse, où il fut nommé
en 1578, assesseur et doyen du collège de la faculté de
médecine de Bâle; il mourut en 1582.

VASCOSAN (Michel), né à Amiens vers le commencement du XVIᵉ siècle, imprimeur dès 1530, publia des
éditions recherchées comme très correctes et dont lui-
même corrigeait les épreuves. Il vécut sous François
1ᵉʳ, Henri II, Charles IX, et mourut sous Henri III en
1576.

JUDAS (Jean), né à Amiens en 1510, nommé général
de tout l'ordre des Minimes au chapitre tenu à Valence
en Espagne, en 1562, mourut à Rome en 1577. Il y
fut inhumé dans l'église du couvent de la Sainte-Trinité
du Mont dont il était le supérieur.

DEMERLIÈRES (Jean), professeur de mathématiques au collège du Plessis, a publié, en 1568, un traité sur l'*Usage de l'instrument pour mesurer toutes les superficies en droite ligne*, tiré des éléments d'Euclide, etc.

RIOLAN (Jean), célèbre médecin, né à Amiens en 1539, fut une des gloires de l'Université de Paris. Ses œuvres forment un vol. in-f°. Il mourut en 1605, doyen de la Faculté de médecine. — C'est le père de RIOLAN (Jean), anatomiste du premier ordre, médecin de Marie de Médicis, né en 1580.

DE MIRAULMONT (Pierre), né vers 1550, successivement lieutenant-général, grand prévôt de France, est connu par divers ouvrages, et, entr'autres, par des mémoires très-estimés sur l'*Origine et l'Instruction des Cours souveraines et des Justices royales*, etc. On le trouva mort dans sa chambre (1611) et recouvert de son drap.

CHOQUET (Louis), versificateur abondant qui florissait vers le milieu de ce siècle, fit représenter un mystère sur la *Création du monde*, et publia un poème intitulé le *Mystère de l'Apocalypse en Rythme*, qui ne contient pas moins de 9000 vers.

VISEUR (Robert), docteur en théologie, grand-vicaire du diocèse, né en 1555. Il possédait au plus haut point le talent de la controverse, et a composé beaucoup d'ouvrages de piété.

DE LOUVENCOURT (François), né à Amiens en 1569, v mourut en 1638. Il remplit les fonctions de conseiller du roi, trésorier de France et général des finances en Picardie, cultiva les lettres avec succès, et fut l'ami du chanoine Adrien de La Morlière.

BLASSET (Nicolas), une des illustrations de notre cité, né en 1587, mort en 1659. On admire le fini, la beauté des formes de toutes les productions de cet artiste fameux, sculpteur et architecte du roi. Nous avons mentionné les principales dans le cours de cet ouvrage. Son chef-d'œuvre est l'*Enfant pleureur*, dans l'église cathédrale.

DEMONS (Claude), né en 1591, mort en 1677. Il fut conseiller du roi, subdélégué de l'intendant: il a laissé un assez grand nombre de vers, dont quelques uns, rares, il est vrai, ne sont pas sans mérite. Le **P.** Daire l'a confondu avec J. Demons, sieur d'Hédicourt, son père, auteur de deux ouvrages très bizarres de théologie mystique, publiés en 1594 et 1595.

CORNET (Nicolas), docteur en théologie de la faculté de Paris et grand maître du collége de Navarre, né en 1592, mort en 1663, prit une part très-active aux querelles des jansénistes.

BAUDOUIN (Benoît), né avant 1597, fut d'abord principal au collége de Troyes, puis régent à celui d'Amiens, et, en dernier lieu, maître de l'Hôtel-Dieu de cette ville. Il mourut en 1632. — Il se fit connaître dans la république des lettres par la publication d'un *Traité sur la Chaussure des Anciens* (*Calceus antiquus et mysticus*), plusieurs fois imprimé de 1615 à 1732, et par la *Traduction en vers français de dix tragédies de Sénèque*, Troyes, 1629.

VOITURE (Vincent). — Né à Amiens en 1598, mort en 1648. — Ses titres à la reconnaissance de la postérité sont grands et nombreux. Par les grâces de son esprit, par l'enjouement et l'amabilité de son caractère, il sut se glisser dans la société des grands de son époque; — sa profonde érudition sans pédantisme et la haute renommée littéraire que lui firent bientôt sa prose élégante et ses vers souvent heureux, le maintinrent dans ces hautes sphères du monde où bientôt il put, en regardant autour de lui, ne saluer que des égaux. Les Condé, les Lavalette, les D'Avaux, les Guiche, les Schomberg étaient heureux et fiers d'être comptés au nombre de ses amis et surtout d'être admis aux rares honneurs de sa correspondance.

Il fit faire un grand pas à la langue française qu'il assouplit en quelque sorte et rendit élégante et forte tout à la fois; il apprit à son siècle ce que pouvait le style et comment une pensée bonne devenait belle par le choix heureux des mots qui l'exprimaient.

Sa place doit être marquée à côté de celle de Malherbe et au-dessus de Balzac, de Ménage et de tous les esprits studieux qui concoururent avec lui, au commencement du XVIIe siècle, à former cette belle langue que devait parler Racine.

Voiture avait été successivement introducteur des ambassadeurs auprès de Gaston d'Orléans, maître d'hôtel du roi, interprète des ambassadeurs chez la reine, et lorsqu'il mourut, l'académie française, dont il faisait partie depuis sa création, porta son deuil, honneur que, dans la suite, elle ne décerna à aucun de ses membres.

DUFRESNE (Jean), seigneur de Préaulx, un des frères puînés de l'érudit Ducange, naquit à Amiens dans les dernières années du XVIe siècle, exerça avec distinction la profession d'avocat, publia un *Commentaire sur la coutume d'Amiens*, et mourut en 1675.

D'AGUESSEAU (Antoine), aïeul du chancelier du même nom. On le fait naître à Amiens vers la fin du XVIe siècle.

17e SIÈCLE

BOULANGER (Jean), graveur, né en 1607, est regardé comme l'inventeur de la gravure au pointillé, genre bâtard dont souffrit longtemps l'école française.

DUCANGE (Charles DUFRESNE, seigneur), né à Amiens en 1610, fit d'excellentes études au collége de cette ville, fut reçu ensuite avocat au parlement de Paris, puis abandonna la carrière du barreau pour se livrer exclusivement à l'étude de l'histoire sacrée et profane, grecque, romaine et du moyen-âge. Son érudition était immense et les trésors en sont consignés dans de nombreux ouvrages dont les plus fameux sont les deux *Glossaires*. Ducange mourut en 1688. On peut voir dans l'histoire littéraire du P. Daire la liste de ses ouvrages imprimés et manuscrits.

FRANÇOIS (Claude), né en 1615, étudia la peinture sous Vouet et sous Le Brun. Pour accomplir un vœu, il entra à vingt-six ans dans l'ordre des Récollets, ce qui ne l'empêcha pas de cultiver son art de prédilection. Il mourut en 1685. Le tableau d'autel de la chapelle de

St.-Etienne, dans la cathédrale, est de Claude François, plus connu sous le nom de frère Luc.

ROHAULT (Jacques), célèbre mathématicien et philosophe, disciple de Descartes, naquit en 1620, vis-à-vis de l'église Saint-Germain, d'un père marchand de vins, comme celui de Voiture. On a de lui un *Traité de physique*, 1671, le meilleur qui ait paru jusque là ; *Entretiens sur la Philosophie*, in-12. Ses œuvres posthumes, in 4°., ont été publiées en 1682. Il mourut à Paris en 1675, à l'âge de cinquante-cinq ans.

BARRÉ le P. (Nicolas), prédicateur et professeur en théologie de l'ordre des Minimes, instituteur des Écoles chrétiennes et charitables de l'enfant Jésus et des Sœurs de la Providence, né à Amiens en 1621, mourut en odeur de sainteté au couvent des Minimes de la place Royale à Paris, le 31 mai 1686.

VARLET DE LA GRANGE (Ch.), né à Amiens, d'un riche procureur ; entraîné par son goût pour l'art théâtral, alla à Paris en 1658, et débuta dans la troupe de Palais-Royal, où Molière fit de lui un excellent comédien. Varlet de la Grange le remplaça plus tard dans la direction de sa troupe et mourut en 1692.

DECAMPS (François), antiquaire et historien d'une prodigieuse fécondité, né à Amiens en 1645, mourut à Paris en 1723. La liste de ses ouvrages est indiquée dans l'histoire du P. Daire, page 226.

FÉJAC (Jacques-Hyacinthe), prédicateur célèbre, né en 1647, mort en 1715. Il a fait imprimer plusieurs de ses panégyriques et oraisons funèbres.

DE VILLERS-ROUSSEVILLE (Nicolas), auteur d'un assez grand nombre d'ouvrages imprimés et manuscrits sur l'histoire de la province de Picardie et du comté d'Amiens. Né en 1652, il est mort en 1726.

LAGACHE (Jean), né en 1660, mort en 1738. Il se fit un nom par ses ouvrages sur la mécanique. Il avait la manie de dépenser des sommes considérables à la *recherche de la pierre philosophale.*

MASCLEF (François), chanoine de la cathédrale d'Amiens, fut chargé de la direction du Séminaire sous M. de Brou; mais soupçonné de jansénisme, il perdit cette place après la mort de ce prélat. Il était très-versé dans les langues orientales, et publia en 1716 une grammaire hébraïque, où, s'écartant des principes adoptés jusqu'à lui, il rejette les points des *Massorethès,* juifs du 9e ou 10e siècle. Cet ouvrage fit sensation dans le monde savant. On en doit encore deux autres au chanoine Masclef: les *Conférences ecclésiastiques du diocèse d'Amiens et le Catéchisme d'Amiens.* Il mourut en 1728, âgé de 63 ans.

CRESSENT, sculpteur habile, né dans le 17e siècle, mais à une époque qu'il ne nous a pas été possible de préciser. Parmi les ouvrages dus au ciseau de cet artiste on cite de préférence, comme des morceaux très remarquables, les *deux anges adorateurs,* autrefois placés dans le sanctuaire de la collégiale d'Abbeville, et le *Groupe de l'Assomption,* dans l'église de l'hôpital-général, à Amiens.

BOUQUET (Martin), plus connu sous le nom de D. Bouquet, né le 6 juin 1685, mort le 6 avril 1754. Bénédictin de la congrégation de St.-Maur, d'une érudition profonde et d'une patience admirable, il entreprit un des monuments historiques les plus importants que nous possédions : *la Collection des Historiens de France.* Il en composa neuf volumes remarquables par les précieux documents qu'ils renferment.

DECOURT (Jean-Joseph), maire d'Amiens en 1656, mort en 1723. Il a composé *les Mémoires chronologiques et historiques* pour servir à l'histoire ecclésiastique et civile de la ville d'Amiens, MS., 2 vol. in f°. On les conserve à la bibliothèque impériale. On en a fait faire une copie pour la bibliothèque communale d'Amiens.

PLANQUE (François), né en 1696, mort en 1765. Il se livra avec une ardeur infatigable à l'étude de la médecine, publia plusieurs ouvrages estimés : une *Bibliothèque choisie de Médecine,* 11 vol. in-4°., 1748, fruit de vingt années de travail ; une *Chirurgie complète,* 2 vol. in 12, livre encore apprécié de nos jours, etc., etc.

18e SIÈLE.

DUPUIS (Jean-Baptiste-Michel), sculpteur, membre de l'académie d'Amiens, mort à Paris en 1780, plus qu'octogénaire. Notre belle basilique renferme un grand nombre de ses ouvrages. Dupuis, pendant tout le cours de sa longue carrière, se fit chérir par l'aménité de ses mœurs et respecter par ses vertus.

PETYST (Louis-Antoine), d'une famille connue dès 1221. Avocat au bailliage d'Amiens en 1729, maire en 1769. Jurisconsulte profond, littérateur instruit, il concourut puissamment à l'établissement de l'Académie d'Amiens, dont il fut membre.

DELIGNY (François), ex-jésuite, né à Amiens en 1709, mort en 1770, est l'auteur de l Évangile médité, souvent réimprimé depuis son décès. Il y a une édition grand in-8°, avec de belles gravures.

GRESSET (Jean-Baptiste-Louis) naquit en 1709, dans la rue qui porte son nom, de J.-B. Gresset, conseiller du roi, et de Catherine Rohault, descendante du célèbre physicien de ce nom. Élevé chez les jésuites, habiles à deviner le génie et qui l'associèrent à leur ordre, il prit l'habit à l'âge de 16 ans. Dès les premiers temps de son noviciat, l'apparition du poème charmant de Vert-Vert, que de toutes parts on s'arrachait, lui attira l'improbation de ses supérieurs. Les contrariétés qu'on lui suscita à cette occasion le dégoûtèrent de la vie religieuse : il y renonça pour obéir aux sentiments d'indépendance qui tourmentaient son cœur, et vint se fixer à Paris, où sa réputation l'avait précédé. Accueilli, encouragé par tous les hommes remarquables, arbitres suprêmes alors de notre littérature, il répondit dignement à son étonnant essai, et se plaça aussitôt au premier rang. On sait que successivement il publia une Imitation des Eglogues de Virgile, le Carême impromptu et le Lutrin vivant, joyeux frères du perroquet de Nevers ; la Chartreuse, les Ombres, etc. Un penchant irrésistible l'entraînait vers le théâtre : il composa et fit représenter Edouard III, tragédie; Sidney, comédie, 1745; le Méchant, 1747, comédie dont les vers sont si beaux, la morale si pure, si profonde, le caractère principal tracé d'une manière inimitable. Reçu à l'académie française, en 1748, sans avoir sollicité cette distinction, il obtint en 1750 des lettres patentes pour l'établissement de celle d'Amiens. Des scrupules de conscience lui firent abandonner une carrière dans laquelle il avait fourni sa course avec éclat. Gresset se retira définitivement à Amiens, dans sa maison de campagne du *Plinsceau.* Il venait d'être nommé écuyer, chevalier de Saint-Louis, historiographe de l'ordre royal et militaire de Saint-Lazare, lorsque la mort le surprit subitement le 16 juin 1777. Sa dépouille mortelle, déposée d'abord dans le cimetière Saint-Denis, a été transférée dans la Cathédrale Une simple pierre en indique la place.

DE RODES (Jacques-Joseph) le chevalier, mathématicien distingué, a écrit un grand nombre de mémoires sur les sciences qu'il cultivait. Membre de l'académie d'Amiens, il mourut en 1761, au moment où il allait être reçu à l'académie des sciences.

DAIRE le P. (Louis-François), religieux et bibliothécaire de la maison des Célestins de Paris, né à Amiens en 1713, mort à Chartres en 1792. Froid historien, mais laborieux annaliste, il a laissé sur notre histoire locale de nombreux ouvrages, dont voici la liste chronologique: *Histoire civile et ecclésiastique de la Ville d'Amiens,* 1757, 2 vol. in-4°.; *Histoire civile et ecclésiastique de Montdidier,* 1765, in-12 ; *Tableau historique des sciences, belles-lettres et arts dans la province de Picardie,* etc. 1769, in-12; *Vie de Gresset.* 1779, in-12 ; *Histoire littéraire de la Ville d'Amiens,* 1782, in-4°; *Histoire civile, ecclésiastique et littéraire de la Ville et du Doyenné de Doullens*, in-12. M. Caussin de Perceval possédait quelques-uns des manuscrits du P. Daire; ils viennent d'être mis en vente par suite du décès de ce membre de l'institut.

DE GRIBEAUVAL (J.-B. VACQUETTE DE FRÉCHENCOURT, marquis de), lieutenant-général, directeur de l'artillerie sous Louis XV, naquit en 1715. Envoyé en 1762 avec d'autres officiers de son arme au secours de la reine de Hongrie contre le roi de Prusse, il se distingua principalement par sa belle défense de Suidnitz. On lui doit l'institution de l'artillerie à cheval. Il mourut en 1794.

DINOUART (Joseph-Antoine-Toussaint) l'abbé, prédicateur assez goûté, auquel le P. Daire a consacré un long article. Il a publié des ouvrages sur la science du prédicateur, sur l'histoire ecclésiastique, des traductions d'auteurs latins, etc. Il était né en 1716.

BOISTEL D'WELLES (Jean-Baptiste-Robert), trésorier de France au bureau des finances d'Amiens, etc., né en 1717, mort en 1777. Poète par goût, il consacrait ses loisirs à la langue des dieux. Il est auteur de deux tragédies plusieurs fois représentées à Paris: *Antoine et Cléopatre* et *Irène*. On a encore de lui quelques pièces fugitives. Il était honoré de l'amitié de Fontenelle, de Crébillon, de J.-B. Rousseau, Voltaire, Racine le fils, Piron, Gresset, etc.

CARON (Antoine-Nicolas), né à Amiens en 1719, se distingua dans la gravure sur bois, qu'il apprit de Michel Papillon, regardé comme le restaurateur de cet art. Son chef-d'œuvre en ce genre est le portrait de

Papillon. Son goût pour les hautes sciences le conduisit à plusieurs inventions. Accusé d'homicide par imprudence, il se justifia facilement; mais condamné à une amende qu'il ne put payer, il mourut détenu à la conciergerie de Paris en 1768.

DE WAILLY (Noël-François), né en 1724, d'une famille connue dès 1266, mort en 1801. On doit à cet habile grammairien, une *Grammaire française*, un *Dictionnaire portatif de la langue française*, et plusieurs traductions de prosateurs latins.

BOULLENGER DE RIVERY (Claude-François-Félix), né en 1725, enlevé par une mort prématurée en 1758. Magistrat intègre, homme de lettres, membre de l'académie d'Amiens et lieutenant civil au bailliage de cette ville, il a laissé plusieurs ouvrages: entr'autres un *Traité sur la cause et les phénomènes de l'électricité*, 2 vol. in-8°; des fables et des contes en vers français, in-12.

BIZET (J.-B.), né en 1728, membre de l'académie d'Amiens, est connu par différents mémoires sur des questions de physique et d'histoire naturelle, et particulièrement par un *Dictionnaire topographique de la Picardie*, MS., 2 vol. in-4°., auquel il consacra une partie de sa vie, et que possède aujourd'hui un héritier de son nom. Cet homme estimable mourut en 1808, âgé de plus de quatre-vingts ans.

LEGRAND D'AUSSY (Pierre J.-B.), littérateur et membre de l'institut, né en 1737, s'est acquis une certaine réputation littéraire par la publication de *Contes ou Fabliaux*, 4 vol. in-8°; *d'un Voyage en Auvergne*, et de l'*Histoire de la vie privée des Français*, 4 vol.

in-8º. Il mourut en 1800, conservateur de la bibliothèque nationale.

GROSIER (J.-Gabriel-Alexandre), ex-jésuite, né en 1743, fut le collaborateur de Fréron à l'*Année littéraire*. Il publia une édition des *Grandes annales de la Chine*, du P. de Moyriac de Mailla, missionnaire à Pékin. Il mourut en 1823, bibliothécaire de l'arsenal et membre de l'institut.

GORIN (Louis-Charles), chanoine titulaire de la Cathédrale, grand pénitencier du diocèse, docteur ès-lettres, ancien professeur d'éloquence et principal au collége d'Amiens, ex-professeur du Lycée, ex-doyen de la faculté des lettres et membre de l'académie d'Amiens, y naquit en 1744 et mourut le 15 septembre 1833, à l'âge de 89 ans et 6 mois. D'un commerce toujours aimable, d'une remarquable simplicité de mœurs, M. Gorin joignait à beaucoup de finesse d'esprit et d'enjouement une grande étendue de savoir.

DELAMBRE (Jean-Baptiste-Joseph), astronome célèbre, secrétaire perpétuel de l'académie des Sciences, naquit en 1749, dans la maison nº 44, de la rue de la Viéserie. Après s'être adonné d'abord à l'histoire et à la littérature, Delambre ne commença qu'à 36 ans l'étude de l'astronomie sous la direction de Lalande, dont il fut le successeur au collége de France en 1807. Ses travaux admirables ont fait faire d'importants progrès à la science, objet de sa prédilection, et l'ont placé lui-même en première ligne parmi les savants des temps modernes. La réputation de Delambre est européenne. Il mourut le 18 août 1822. On a donné son nom à la rue qui l'a vu naître.

GENCE (Jean-Baptiste-Modeste), né en 1755, mort à Paris en 1834, littérateur et archiviste distingué, a fourni un assez grand nombre de bons articles à la *Biographie universelle* des frères Michaud.

BARON (Jean), membre de l'académie d'Amiens et bibliothécaire de la ville, né en 1763, mort en 1826, est auteur d'une *Notice sur les Tableaux qui décorent les Salles de la Mairie*, et d'une *Notice historique sur la ville d'Amiens*, restée MS.

DIJON (J.-B.), né le 17 mai 1769, fit au collège d'Amiens de brillantes études, et fut plusieurs fois publiquement couronné par l'académie de cette ville. Il n'obtint pas moins de succès au collège du Plessis et au concours général à Paris. Après avoir parcouru d'abord avec distinction la pénible carrière du professorat, il fut nommé recteur de l'académie d'Amiens où l'on conserve encore le souvenir de sa paternelle administration. Sa mort, arrivée le 15 mars 1823, excita des regrets universels, et, par suite d'un élan spontané, une souscription fut ouverte entre ses concitoyens, les fonctionnaires et les élèves de l'académie pour élever à cet homme de bien, moissonné avant l'âge, un monument qui est aujourd'hui l'un des plus remarquables du cimetière de la Madeleine.

TRANNOY (Pierre-Amable-Jean-Baptiste), docteur en médecine à Amiens, ex-professeur d'histoire naturelle à l'École centrale du département de la Somme, né en 1772, mort le 25 mars 1851. Ce médecin a publié, en 1819, un ouvrage intitulé : *Traité élémentaire des Maladies épidémiques ou populaires*. Il fut le principal rédacteur des articles insérés, de 1819 à 1826, dans le

Journal de la Somme, sur la *Concordance de l'État atmosphérique avec les maladies régnantes à Amiens et dans ses environs.*

DESPREZ (François Alexandre), lieutenant-général, né à Amiens en 1780, mort à Bruxelles en 1833. Après avoir acquis sa part de gloire dans les premières guerres d'Allemagne, il s'attacha à la fortune de Joseph Bonaparte, d'abord roi de Naples, ensuite d'Espagne, et le servit toujours avec courage et habileté. En 1812, il fut chargé par l'empereur, auquel il avait été envoyé pour lui demander du secours, de couvrir, avec le maréchal Mortier, la retraite de Russie ; puis il revint en France prendre une part active à la campagne de 1814. Disgracié à la seconde restauration, pour avoir, pendant les *Cent jours*, repris ses fonctions auprès de son ancien maître, il fut envoyé en surveillance à Amiens. Mais cette disgrâce ne fut pas longue. Confirmé dans son grade de maréchal-de-camp, appelé à la direction de l'École d'état-major, il ne tarda pas à être nommé lieutenant-général. En 1823, il fit la guerre d'Espagne en qualité de chef d'état-major du maréchal Moncey. Lors de l'expédition d'Alger, le gouvernement lui confia un des postes les plus éminents de l'armée, celui de major-général. — Rentré en France après les événements de 1830, il céda aux sollicitations de ses amis et alla en Belgique, où il fut accueilli avec distinction. Malgré les honneurs dont il jouissait, il n'attendait qu'un peu de stabilité dans les nouvelles institutions de ce pays pour se retirer dans sa famille, quand la mort vint le surprendre, à la veille d'accomplir son dessein.

NOTICE

DES PRINCIPAUX OUVRAGES ANCIENS SUR
LA VILLE D'AMIENS.

I **Lez Antiquitez, Histoires et choses plus remarquables de la ville d'Amiens,** par M. Adrian *De Lamorlière*, chanoine de l'église de Notre-Dame d'Amiens, un vol. in-fol. Paris 1642, chez Sébastien Cromoisy, imp. du Roi, rue St.-Jacques, aux Cigognes.

I **Histoire de la ville d'Amiens,** depuis son origine jusqu'à présent. Ouvrage enrichi de cartes, de plans et de différentes gravures, par le R. P. *Daire*, célestin. 2 vol. in-4°. Paris 1757, chez la veuve de Delaguette, lib.-imp., rue St.-Jacques, à l'Olivier.

H **Histoire littéraire de la ville d'Amiens,** à laquelle on a joint, dans l'ordre chronologique, les hommes célèbres dans les arts, et les personnes qui se sont distinguées etc.; par l'abbé *Daire*, ancien célestin, 1 vol. in-4°. Paris 1782, chez P.-Fr. Didot, lib.-imp. de Monsieur.

V **Voyage pittoresque,** ou notice exacte de tout ce qu'il y a d'intéressant à voir dans la ville d'Amiens, capitale de Picardie, et dans une partie de ses alentours, faite en l'année 1783; M. D. L. Y. (*Devermont* aîné). Un vol. in-12. Amiens 1783, de l'imprimerie de J.-B. Caron l'aîné, imp. du Roi.

U **Description de l'Eglise Cathédrale d'Amiens,** par Maurice *Rivoire*, membre de l'Académie d'Amiens et de la Société d'Emulation d'Abbeville. Un volume in-8°. Amiens 1806, de l'imp. de Maisnel fils.

Précis historique de la surprise d'Amiens par les Espagnols, le 11 mars 1597 , et de la reprise par Henri IV,
le 25 septembre suivant; précédé d'un coup d'œil
militaire sur le département de la Somme, par le
même. In-8°. Amiens 1806, imp. de Maisnel.

Dissertation sur Samarobriva, ancienne ville de la Gaule,
par M. *Mangon de la Lande*, inspecteur des domaines,
membre de plusieurs sociétés savantes, de la société
royale des Antiquaires de France. — Saint-Quentin,
Tilloy, imp.-lib. 1825.

Mémoire en réponse à celui de M. Rigollot, sur l'ancienne ville des Gaules qui a porté le nom de Samarobrive, présenté à la société académique de Saint-
Quentin, par le même ; 1827.

Mémoire sur l'ancienne ville des Gaules qui a porté le
nom de Samarobrive, par M. *J. Rigollot* fils, médecin
ordinaire de l'Hôtel-Dieu, professeur à l'école secondaire de médecine d'Amiens, etc., etc. — Amiens,
Caron-Duquenne, imp. 1827.

Second mémoire sur l'ancienne ville des Gaules qui a
porté le nom de Samarobrive, suivi d'éclaircissements
sur Vermand, capitale des Veromandui, par le même.
Amiens, J. Boudon-Caron, imp. 1828.

Notice sur la Ville d'Amiens, ou Description sommaire
des rues, places, édifices et monuments les plus remarquables de cette ville, accompagnée d'un Précis des
événements qui s'y rattachent , par MM. H. *Dusevel*
et R. *Machart*. Un vol. in-8°. Amiens, 1825.

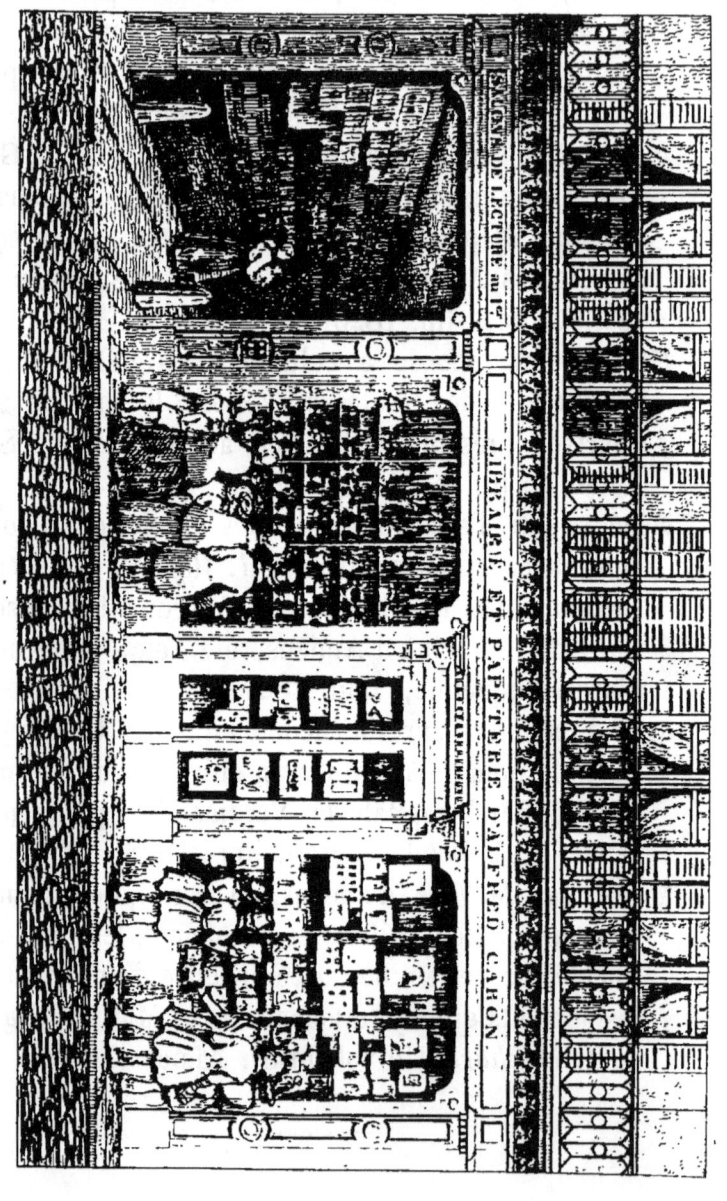

SOCIÉTÉ PHILHARMONIQUE.

L'origine de cette Société remonte à 1856.

Les premiers Concerts donnés par elle eurent lieu dans la grande salle de la Mairie. A dater de 1840, les progrès de la Société furent assez grands pour exiger une scène plus grande : le théâtre fut dorénavant affecté aux soirées musicales qu'elle donne chaque année. Remarquable entre toutes les sociétés de même genre dont se glorifie la France, elle dut ses succès croissants, non seulement au grand nombre de musiciens et d'amateurs distingués qu'elle compte en son sein, mais encore et surtout à la vive et habile impulsion que sut lui donner personnellement son directeur M. J. Deneux et aux soins qu'elle eut d'emprunter à la capitale ses instrumentistes et ses chanteurs les plus renommés

La Société donne chaque année trois concerts, non compris celui dont elle consacre le produit au bénéfice des pauvres.

LHOMOND.

Dans le jardin de la bibliothèque, s'élève la statue de Lhomond, le savant et modeste grammairien. Né à Chaulnes, petite ville de l'arrondissement de Péronne, le 26 octobre 1727, il mourut à Paris le 31 Décembre 1794. Ses véritables titres à la reconnaissance

8

publique sont ses grammaires française et latine, ses *Epitome*, son *De viris illustribus Romæ* et une vie tout entière consacrée à l'instruction de la jeunesse. Prêtre exemplaire, professeur accompli, il eût pu prétendre aux plus hauts honneurs dans les carrières ecclésiastique et universitaire. Il préféra, par une abnégation digne de louanges, et qui a trouvé, dans le corps enseignant, bien des imitateurs, ne pas s'éloigner de ses *chers sixièmes,* comme il appelait ses élèves. Rollin, par son admirable *Traité des Etudes,* avait ouvert une nouvelle ère à l'instruction publique ; Lhomond, par ses livres élémentaires, fut l'un des apôtres les plus fervents de la réforme dont l'influence sur les études fut décisive.

Chaulnes, sa ville natale, possède, comme Amiens, sa statue. Celle que possède Amiens est due au ciseau de M. Gédéon Forceville, qui nous a dotés également des statues de Gresset et de Pierre l'Hermite ; l'autre est l'œuvre de M. Lequesne, élève de Pradier.

RENSEIGNEMENTS UTILES

AUX TOURISTES ET AUX VOYAGEURS DE COMMERCE.

Nous recommandons d'abord *l'Annuaire de la ville d'Amiens,* renfermant l'adresse des négociants et fabricants, et de toutes les administrations civiles, militaires et religieuses. Cet annuaire publié chaque année est toujours tenu au courant des mutations survenues dans l'année. (*) Nous en extrayons quelques adresses d'une utilité incontestable aux voyageurs.

Stations télégraphiques d'Amiens.

Bureau de l'État, rue du Camp-des-Buttes, 10.

Bureau du chemin de fer, à la gare.

Les dépêches télégraphiques privées sont reçues dans les deux bureaux.

Le bureau de l'État est ouvert tous les jours sans exception,

Du 1er avril au 1er octobre, de 7 h. du m. à 9 h. du soir;

Du 1er octobre au 1er avril, de 8 h. du m. à 9 h. du soir ;

Un service permanent, de jour et de nuit, est ouvert au bureau de la gare du chemin de fer.

Hotels.

Abreuvoir (de l'), petite rue de Beauvais, 11.

Berceau d'Or (du), place de l'Hôtel-de-Ville, 13.

Commerce (du), rue des Jacobins, 36.

(*) A Amiens, chez l'éditeur, rue des Trois-Cailloux, 54, en face le théâtre.

Croix Blanche (de la), grande rue de Beauvais, 40.
France et d'Angleterre (de), rue des Rabuissons, 23.
Londres (de), place de l'Esplanade de Noyon, 4.
L'Univers (de), place Saint-Denis, 2.
Paris (de), rue des Jacobins, 18.
Pomme de Pin (de la), rue de Metz, 10.
Rhin (du), place Saint-Denis, 63.
Rocher de Cancale (du), rue des Cordeliers, 3.
Écu de France (de l'), place Saint-Denis, 49.

Restaurants.

Buffet de la gare du Nord.
Defrance, place Périgord, 1.
Madame Contentieux, rue des Rabuissons, 12.
Manceaux, rue des Corps-Nuds-sans-Têtes, 6.

Cafés.

Vincent, rue des Trois-Cailloux, 28, et rue des
        Corps-Nuds-sans-Têtes.
Diollot, place Périgord, 16, et passage de la Renais-
        sance.
Rotonde (de la), rue des Sergents, 12, et Passage de
        la Renaissance.
Théâtre (du), rue des Trois-Cailloux, 51.
Paris (de), rue des Trois-Cailloux, 69.
Domart, Galerie du Commerce, 31.
Leclerc, Galerie du Commerce, 28-29.
Bosquet (du), trois entrées : une, Impasse des Jeunes-
        Mâtins, 10 ; une, rue des Verts-Aulnois ;
        une, rue Delambre.
François, rue des Verts-Aulnois, 30.

Buignet, place Périgord, 25.
Marquise (de la), rue des Trois-Cailloux, 104.
Delattre, rue des Trois-Cailloux, 53.
Vert, rue des Trois-Cailloux, 36.
Dufourmantelle, petite rue de Beauvais, 61 et 63
Globe (du), rue des Trois-Cailloux, 51.

Journaux publiés à Amiens.

Le *Mémorial de la Somme*, feuille politique, paraissant six fois par semaine. Imprimeur : Challier, rue Gresset, 21.

Le *Napoléonien*, feuille politique, paraissant six fois par semaine. Imprimeur : Jeunet, Imp. des Cordeliers, 3.

Le *Moniteur de la Somme*, journal d'annonces, paraissant tous les dimanches. Imprimeur : Alfred Caron, rue des Trois-Cailloux, 54.

Le *Publicateur de la Somme*, journal d'annonces, ittéraire, commercial et agricole, paraissant tous les samedis. Imprimeurs : Caron et Lambert, place du Grand-Marché, 1.

L'*Étoile de la Somme*, journal d'annonces, paraissant tous les dimanches. Imprimeur : Lenoël-Hérouart, rue des Rabuissons, 10.

La *Revue picarde*, annales historiques, littéraires et artistiques du nord de la France, paraissant le lundi de chaque semaine. — Imprimeur M. Yvert, rue Sire-Firmin-Leroux, 24.

Recette Générale.

M. Féron ✳, Receveur-Général, place St-Denis, 36.

Les Bureaux sont ouverts tous les jours, de neuf heures à trois heures, les dimanches exceptés.

Banquiers.

MM. Ledieu. rue du Cloître-de-l'Horloge, 12.
Poulain, Charoy-Degove et Cie, r. des Lombards, 4.
Denis-Gallet, rue Henri IV, 12.
Dufétel et Cie, rue des Jeunes-Mâtins. 6.
Lefeuvre frères, rue Saint-Leu, 10.
Le Bouffy et Cie, petite rue Saint-Remy, 8.
Succ. de la Banque de France, rue Henri IV, 10.

Changeurs

MM. Desmarquest, rue des Vergeaux, 9.
Pollet-Machart, rue des Sergents, 10.

Libraires.

MM. Alfred Caron, rue des Trois-Cailloux, 54.
Beauvais-Allô, rue des Verts-Aulnois, 25.
Caron et Lambert, Marché-aux-Herbes, 1.
Boullenger, place Périgord, 10.
Fournier, rue des Trois-Cailloux, 90.
Godard-Lequien, rue des Vergeaux, 54.
Lenoël-Hérouart. rue des Rabuissons, 10.
Niquet, place Saint-Denis, 47.
Prévost-Allo, rue des Verts-Aulnois, 5.
Wallon-Desmaret, rue des Trois-Cailloux, 8.

Cercles.

Cercle de l'Union, rue des Jacobins, 72.
Cercle du Centre, rue des Trois-Cailloux, 69.
Cercle de l'Industrie, rue du Cloître-de-la-Barge, 12.

OUVRAGES

SUR LA

VILLE D'AMIENS

Qui se trouvent à la Librairie d'Alfred CARON,

Rue des Trois-Cailloux, 54.

Nouvelle description de la Cathédrale d'Amiens, orné de 12 gravures, texte de M. Goze, suivie d'une notice sur le **Beffroy** et l'**Hôtel-de-Ville** d'Amiens, par M. H. Dusevel, grand in-8, jésus papier velin . . . . 6 fr.

Eglises, Châteaux, Beffrois et Hôtels-de-Ville les plus remarquables de la Picardie et de l'Artois avec 52 Lithographies à deux teintes, 2 vol. . . . . 30 fr.
  (Il ne reste plus que quelques exemplaires.)

Nouveau Guide de l'étranger dans Amiens, description complète de ses Monuments anciens et modernes, 1 volume in-12, orné d'un plan, de 12 gravures. , . . 1 fr. 25 c.

Histoire de la ville d'Amiens, 2e édition, par M. H. Dusevel, 1 vol. in-8 avec planches. . . . . 10 fr.

Enceintes successives d'Amiens, par le docteur A. Goze, 1 volume in-12, prix. . . . . 1 fr. 50 c.

Les Rues d'Amiens, par le Dr Goze, 4 vol. in-12 . . 6 fr.

Manuscrits de Pagès, publiés par M. Louis Douchet, 4 vol. in-12, prix . . . . 12 fr.

Le Livre de sainte Theudosie, recueil complet des documents publiés sur cette Sainte. 1 beau vol in-4, avec 3 gravures, prix. . . . . 1 fr. 50 c.

Notice sur quelques vieilles Enseignes de la ville d'Amiens, par M. A. Janvier, brochure in-12. . . 50 c.

Notice sur les Halles de la ville d'Amiens, par deux membres de la Société des Antiquaires de Picardie, brochure in-12. . . . . 1 fr.

Gravures, Lithographies et Photographies de la Cathédrale d'Amiens, depuis 50 c., 1 fr. jusqu'à . . . 20 fr.

Vue d'Amiens à vol d'oiseau. . . . . . 1 fr. 50 c.

Plan de la Ville d'Amiens, sur grand aigle.. . . . 5 fr.

Table alphabétique des matières.

	Pages.
A travers les rues	23
Beffroi	70
Bibliothèque	62
Bicêtre	81
Boulevards et promenades publiques	77
Caserne Cerisi	72
Cathédrale	26
Château d'Eau	73
Cimetière de la Madeleine	81
Citadelle	78
Eglise St-Germain	74
Eglise St-Jacques	72
Eglise St-Leu	76
Eglise St-Remy	67
Gare d'Amiens	24
Gendarmerie	60
Grand Séminaire	24
Hôpital St-Charles	66
Hôtel-Dieu	76
Hôtel de la Préfecture	62
Musée Napoléon	62
Hôtel de Ville	00
Hotoie	80
Industrie amiénoise	7
Jardin des Plantes	73
Logis du Roi	59
Lycée impérial	74
Notes biographiques	83
Notice statistique	1
Place Périgord	61
Place St-Denis	25
Place St-Michel	25
Préface	V
Société philharmonique	105
Statue de Ducange	25
id. de Lhomond	105
id. de Pierre l'Hermite	25

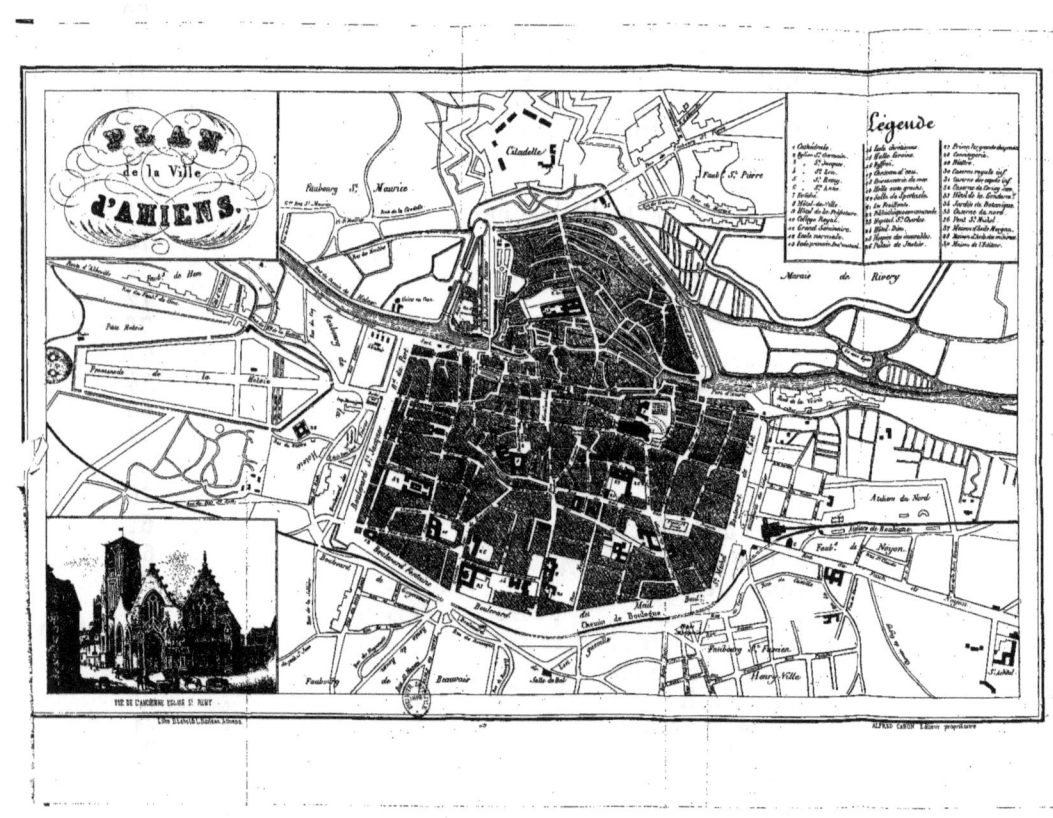

PLAN de la Ville d'AMIENS.

VUE DE L'ANCIENNE EGLISE ST REMY.